ATLAS HISTÓRICO
DE LA
GUERRA FRÍA

ATLAS HISTÓRICO DE LA GUERRA FRÍA

JOHN SWIFT

St. Martin's College,
Lancaster, Inglaterra.

Traducción
Raquel Vázquez Ramil

akal

Maqueta: RAG

Reservados todos los derechos. De acuerdo a lo dispuesto en el
artículo 270 del Código Penal, podrán ser castigados con
penas de multa y privación de libertad quienes reproduzcan
sin la preceptiva autorización, o plagien, en todo o en parte,
una obra literaria, artística o científica fijada en cualquier tipo de soporte.

Título original

The Palgrave Concise Historical Atlas of the Cold War

© Palgrave Macmillan Ltd, 2003

Publicado originalmente en inglés por Palgrave Macmillan, división de Macmillan Publishers Limited.
La presente edición se traduce y publica por acuerdo con Palgrave Macmillan.

© Ediciones Akal, S. A., 2008
para lengua española

Sector Foresta, 1
28760 Tres Cantos
Madrid - España

Tel.: 918 061 996
Fax: 918 044 028

www.akal.com

ISBN: 978-84-460-2333-3
Depósito legal: M-30.912-2008

Impreso en Fernández Ciudad, S. L.
Pinto (Madrid)

Índice

EL FIN DE LA GUERRA FRÍA Y LOS AÑOS POSTERIORES

Prólogo

Los atlas históricos deben abordar los temas de forma accesible al lector. Es lo que yo he intentado hacer. Naturalmente, resulta imposible compilar una historia definitiva de la Guerra Fría en un atlas tan conciso. Los temas son demasiado complejos y los asuntos muy diversos. Este atlas aspira a proporcionar a los estudiantes y a las personas interesadas una ayuda visual para comprender la geopolítica de la Guerra Fría. Los mapas contienen sólo dos colores, lo cual significa que únicamente se han incluido los elementos esenciales. Ni los mapas ni el texto que los acompaña pretenden abordar en profundidad cada tema, sino ofrecer una amplia perspectiva de los elementos que conformaron la Guerra Fría. Este libro ha de interpretarse como una herramienta suplementaria de textos más exhaustivos y monografías especializadas. Los principales asuntos tratados son las causas de la Guerra Fría, su desarrollo, la alternancia de periodos de relativa tranquilidad frente a otros de gran hostilidad entre el este y el oeste, y el final del conflicto. Pero también se abordan otros factores: la extensión de una cultura característica de la Guerra Fría y la forma en que otras naciones, que no querían participar, se vieron trágicamente afectadas por el conflicto.

La Guerra Fría fue un complicado periodo de casi cuarenta y cinco años que influyó profundamente en las vidas de todo el mundo, aunque de un modo que se suele pasar por alto. Por supuesto, hay numerosos huecos en los textos. Uno de los aspectos más difíciles del proyecto fue discernir qué aspectos incluir y cuáles omitir. Entre las posibles ideas que descarté había mapas de la guerra en Angola, de los terroristas de ideología marxista y del cruel régimen de Pol Pot en Camboya. Fue imposible elaborar un mapa coherente sobre la Iniciativa para la Defensa Estratégica de Ronald Reagan («guerra de las galaxias»). Lo que se ha hecho proporcionará al lector el primer paso para comprender los grandes asuntos de la Guerra Fría y una reveladora perspectiva de su complejidad.

Una nota sobre la ordenación del material: en vez de atenerme a una presentación cronológica de los temas, he optado en ocasiones por unir los que tienen relación entre sí. Y así, tras la OTAN y el Pacto de Varsovia aparecen otros pactos regionales de seguridad, cuando en realidad la Organización del Tratado del Sudeste Asiático fue producto de los crecientes conflictos en Indochina y nació en 1954. Espero que a los estudiantes les resulte útil este enfoque.

Deben hacerse un par de observaciones: en la trascripción de los nombres rusos y chinos he procurado ser coherente, utilizando por ejemplo la versión *pinyin* de los nombres chinos. En algunos textos, sin embargo, los nombres cambian. Ténganse en cuenta estas cuestiones, pues pueden confundir a los estudiantes. Asimismo, he incluido datos estadísticos en varios textos y mapas. Los estudiantes universitarios comprenden, sin duda, lo problemática que resulta la información estadística. En la Guerra Fría era de vital importancia mantener el secreto y, por tanto, ocultar información se convirtió en una virtud. En los estados comunistas se llegó al extremo de ocultar información incluso a los propios líderes. No parece probable que el Politburó ni nadie en la URSS tuviese idea de a cuánto ascendía el gasto militar. Los cálculos de la proporción del PIB dedicado a gastos militares en la década de 1980 oscilan del 12 al 25 y, a veces, al 50 por 100. Los chinos, por su parte, se limitaron a no publicar datos sobre gastos de defensa. Pero no se trata de un vicio exclusivo de los países comunistas. Reagan tuvo la desgracia de que se descubriesen sus planes secretos para esquivar las limitaciones del Congreso y armar a los Contras. En Gran Bretaña en 1947 el gobierno laborista de Clement Attlee ocultó la inversión de cien millones de libras en el primer proyecto de bomba atómica británica, y nadie se enteró.

En resumen, gran parte de los datos estadísticos de este atlas deben leerse con cautela. Siempre que he podido, he utilizado datos de fuentes oficiales. Pero aun así no pasan de ser meras conjeturas. Cuando hay varias cifras, en aras de la brevedad y de la claridad he utilizado la que considero más realista. Por supuesto, no niego que otras estadísticas distintas sean igual de fiables o más.

John Swift.
St Martin's College, Lancaster 2003.

LOS ORÍGENES DE LA GUERRA FRÍA

Mapa 1. La Revolución rusa y el mundo

¿Dónde debemos buscar los orígenes de la Guerra Fría? Un error corriente afirma que al final de la Segunda Guerra Mundial Estados Unidos, la Unión Soviética y Gran Bretaña eran estrechos aliados y que su relación se rompió en años posteriores. En realidad, la hostilidad de Occidente hacia la Unión Soviética se remonta a su fundación. Podría decirse que dicha hostilidad era una mera extensión de la suspicacia occidental ante las ambiciones de la Rusia imperial, que se retrotraen al siglo XIX. Lo que resulta indiscutible es que, desde el momento en que los bolcheviques tomaron el poder, los gobiernos extranjeros procuraron derribarlos.

Durante la Primera Guerra Mundial, los ejércitos rusos habían ganado credibilidad, por no hablar de espectacularidad, al contener a nutridos ejércitos enemigos en el frente oriental. Pero las tensiones derivadas de mantener grandes contingentes sobre el terreno, aprovisionándolos y soportando terribles pérdidas, dieron lugar a sucesivas crisis que Nicolás II no estaba en condiciones de afrontar. En marzo de 1917 (o en febrero según el calendario prerrevolucionario), el apoyo a la dinastía Romanov se había evaporado, lo cual permitió su eliminación con sorprendente facilidad. Se formó entonces un gobierno provisional, con la intención de asentar las bases de una república democrática en Rusia. Pero la continuación de la guerra y una incapacidad similar a la de los Romanov para atender a las necesidades de Rusia, erosionó rápidamente el apoyo del gobierno provisional. Los partidos de izquierda que temían una contrarrevolución –el retorno de los Romanov–, apoyaron al gobierno provisional y, en consecuencia, perdieron a sus propios partidarios. Sólo los bolcheviques mostraron una hostilidad inflexible. Rusia, un país agrario y atrasado, no constituía el terreno más propicio para una revolución comunista, pero Lenin estaba convencido de que la revolución era inminente en Occidente, lo cual justificaba una revolución bolchevique inmediata. Los que exigían paz, tierra y pan, al margen de sus ideas políticas, tampoco tenían otra opción. El 7 de noviembre de 1917 por la tarde (o 26 de octubre según el calendario prerrevolucionario), los bolcheviques ocuparon lugares clave de Petrogrado (en la actualidad San Petersburgo) y asumieron el gobierno.

A los bolcheviques les resultó fácil tomar el poder, pero mantenerlo no era tan fácil. El control del gobierno central sobre gran parte de Rusia se deshizo. La oposición no tardó en formarse. Los anteriores aliados de Rusia se apresuraron a ofrecer apoyo a los opositores que se denominaban colectivamente Blancos. Sin embargo, se limitaron a enviar fuerzas simbólicas, mientras esperaban que se constituyesen nuevos ejércitos rusos que expulsasen a los bolcheviques y regresasen a la guerra. Posteriormente, su objetivo sería destruir el estado bolchevique. El ejército extranjero más eficaz fue la legión checa. La formaban prisioneros de guerra de las fuerzas austrohúngaras, reclutados para luchar por un estado checo independiente. Cuando iban a emprender la retirada de Rusia a través de Siberia, pasando por Vladivostok, para ir a luchar a Francia, los convencieron para que luchasen contra los bolcheviques. Tras el fin de la guerra en Europa y la creación de Checoslovaquia, insistieron en marcharse, lo cual asestó un golpe atroz a los Blancos. Otras potencias, sobre todo Gran Bretaña, enviaron pequeños contingentes para apoyar a los Blancos en el norte de Rusia, el Cáucaso y Crimea. Los Blancos demostraron no ser merecedores de ningún apoyo. Estaban profundamente divididos, con una variedad de credos políticos que iban desde los republicanos socialistas hasta los monárquicos reaccionarios. Sus tropas carecían de disciplina, y los oficiales eran corruptos e incompetentes. Tenían poco apoyo popular. Separados por grandes distancias e incapaces de comunicarse, no lograban coordinar sus acciones.

En resumen, los Blancos nunca consiguieron formar un gobierno único al que las potencias interventoras pudiesen reconocer y apoyar. Sin embargo, recibieron pertrechos. Tanques británicos, a veces tripulados por tropas inglesas, capturaron Tsaritsin (actual Volgogrado) en junio de 1919. Pero los apoyos enviados no bastaron para asegurar la victoria blanca y gran parte de los mismos fueron robados en el camino. Lo único que consiguieron Inglaterra y Francia fue que los Blancos apareciesen como servidores de potencias extranjeras, lo cual permitió a los bolcheviques presentarse como los defensores de Rusia, aparte de culpar al bloqueo extranjero de la carestía y de la crisis económica. Por otro lado, la intervención era muy impopular. Para empeorar la causa de los Blancos, el gobierno británico declaró que los bolcheviques sobrevivían porque contaban con verdadero apoyo popular. La causa de los Blancos no tenía futuro. A finales de 1920, con los bolcheviques claramente triunfadores, Gran Bretaña y Francia abandonaron a los Blancos y evacuaron sus fuerzas.

Otras potencias intervinieron por motivos diferentes. Los japoneses y los polacos emprendieron descaradas ocupaciones de tierras. Los setenta mil soldados japoneses que acudieron a Siberia establecieron una política de ocupación brutal. Los siete mil americanos de la región no hicieron nada, pues se les había ordenado no intervenir en los asuntos rusos.

En total, en Rusia intervinieron catorce naciones. Contribuyeron a prolongar una guerra civil que costó diez millones de vidas. También causaron gran impacto en las ideas de los líderes bolcheviques, que se convencieron de que el mundo capitalista nunca les dejaría sobrevivir. Tarde o temprano regresarían, y la Unión Soviética debía estar preparada. Sola, aislada y rodeada de enemigos acérrimos, ¿no estaría mejor protegida la Unión Soviética si la revolución se propagaba al exterior lo antes posible?

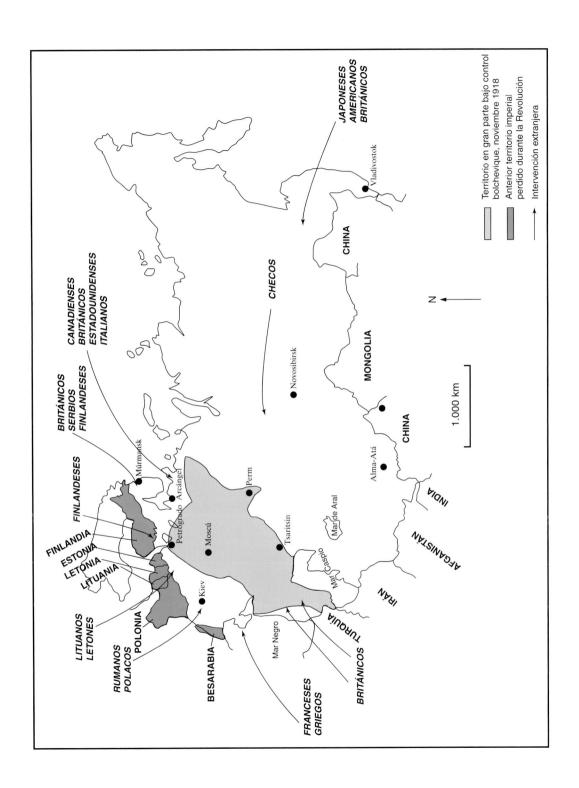

JAPONESES
AMERICANOS
BRITÁNICOS

Vladivostok

CHINA

CHECOS

Territorio en gran parte bajo control
bolchevique, noviembre 1918

Anterior territorio imperial
perdido durante la Revolución

Intervención extranjera

N

MONGOLIA

1.000 km

CHINA

Novosibirsk

CANADIENSES
BRITÁNICOS
ESTADOUNIDENSES
ITALIANOS

Alma-Atá

INDIA

BRITÁNICOS
SERBIOS
FINLANDESES

Múrmansk

AFGANISTÁN

FINLANDESES

Arcángel

Perm

Mar de Aral

FINLANDIA

Petrogrado

Mar Caspio

ESTONIA

Moscú

Tsaritsin

IRÁN

LETONIA

LITUANIA

Kiev

LITUANOS
LETONES

RUMANOS
POLACOS

POLONIA

TURQUÍA

BESARABIA

Mar Negro

BRITÁNICOS

FRANCESES
GRIEGOS

Mapa 2. El Komintern y el primer terror rojo en Occidente en los años veinte

Las potencias occidentales siempre habían recelado de Rusia y de las ambiciones de sus zares. Pero la Revolución bolchevique añadió a los tradicionales recelos una dimensión ideológica que iba a formar actitudes y diseñar la escena para que surgiese la Guerra Fría en los años cuarenta. No en vano, el bolchevismo se autoproclamaba vanguardia de un movimiento revolucionario mundial. Cuando en la década de 1940 la URSS fue reconocida como gran potencia, se la consideró una amenaza a escala global debido a sus acciones anteriores.

Tras el final de la guerra en 1918 hubo crisis económicas de alcance mundial, acompañadas por agitación industrial y social. Para muchos gobiernos la causa evidente de la inquietud eran los bolcheviques. Varios estados vecinos de la Rusia bolchevique promulgaron leyes represivas para eliminar la influencia comunista. Pero ni siquiera la distancia protegía del miedo. En Estados Unidos, en el periodo 1919-1920, estalló el pánico nacional: el «terror rojo». Los estadounidenses recuperaron enseguida su sentido de la proporción y el terror desapareció. Pero sirvió de ejemplo del pánico que el comunismo internacional y el Komintern (la Tercera Internacional Comunista) generaban. ¿Justificaba el Komintern semejante miedo?

Fundado en enero de 1919, el Komintern pretendía ser una organización internacional de grupos marxistas nacionales para promover la revolución mundial. Su mera existencia horrorizaba a los gobiernos extranjeros, que lo tildaban de monstruosa conspiración. Aunque se presentaba como una organización de iguales, desde el principio estuvo totalmente dominada por los bolcheviques. Lenin creía firmemente que el mundo estaba al borde de la revolución. Considerando la hostilidad de las potencias extranjeras contra el estado bolchevique, cuanto antes se produjese la revolución, mejor.

El problema era que los bolcheviques no entendían a las naciones en las que existían esos partidos. El empeño de imponer tácticas que habían funcionado en Rusia llevó a que se dictasen órdenes ridículas. A los comunistas de Inglaterra y Estados Unidos se les indicó que formasen alianzas tácticas con un campesinado inexistente. Los comunistas polacos debían organizar un levantamiento para apoyar una invasión rusa en 1920, ignorando por completo el odio profundamente arraigado de los polacos contra los rusos. Incluso cuando el Komintern centró su atención en el mundo menos desarrollado, donde las condiciones eran similares en muchos aspectos a las de Rusia en 1917, no tuvo éxito. En la India y en Oriente Medio, los credos hindú y musulmán no congeniaban con el comunismo. En Corea la efectiva represión japonesa evitó cualquier avance.

Aún más nefasta fue la idea de Lenin de que los comunistas extranjeros debían nutrir las tropas auxiliares de su propia revolución. Se esperaba, así, que los partidos comunistas extranjeros atendiesen a las necesidades de la política exterior soviética en vez de a los intereses de la revolución mundial. Las órdenes de Moscú cambiaban de forma rápida y desconcertante, según lo requería la política exterior soviética. Se organizaron levantamientos, como el de Hamburgo de 1923, que no tenían el más mínimo futuro. Los partidos comunistas de varios países de Europa central se vieron al borde de la extinción. Pero la dirección de Moscú resultó perjudicial sobre todo en la relación entre los comunistas y otros grupos políticos. A veces los comunistas establecían alianzas con otros partidos de izquierdas, mientras que otras veces los tildaban de traidores. En 1922 el amargo vilipendio de los socialistas por parte de los comunistas dividió tan profundamente el movimiento obrero en Italia que no pudo hacer frente al empuje fascista. Lo mismo ocurriría en Alemania en 1933.

En China, se creó una alianza de trabajo entre los comunistas y el Kuomintang (nacionalistas). La alianza se deshizo en 1926 cuando el líder del Kuomintang, Chiang Kai-shek, atacó a sus aliados y arrestó a los cabecillas. Moscú quería que la alianza continuase y ordenó a los comunistas chinos que transigiesen, lo cual los sumió en la impotencia más absoluta cuando Chiang Kai-shek aplastó el partido en Shanghái, Cantón y la provincia de Hunán en medio de una feroz oleada de terror.

Stalin, como gesto conciliador con sus aliados de guerra, abolió el Komintern en 1943. Aunque apenas tuvo trascendencia. El Komintern no organizó ni una sola revolución triunfante a lo largo de su historia. Puede parecer raro que suscitase tanto miedo. Pero la existencia de una organización revolucionaria internacional suponía una amenaza para mucha gente. A finales de los años veinte el débil y perseguido partido comunista de Estados Unidos tenía menos de diez mil miembros, pero como parte de un movimiento internacional se veía como una amenaza para la supervivencia del propio país. Los temores que dieron lugar al macartismo arrastraban una larga historia. Pero el Komintern también sostenía a los comunistas a base de represión y cuando no había perspectivas de que la revolución triunfase. Los comunistas estadounidenses o ingleses se daban cuenta de que seguramente nunca verían la revolución en su propio país, pero como parte de un movimiento internacional, se consolaban pensando que contribuían al triunfo de la misma en otros lugares. Muchas de las actitudes que conformaron la Guerra Fría estaban empezando a arraigar.

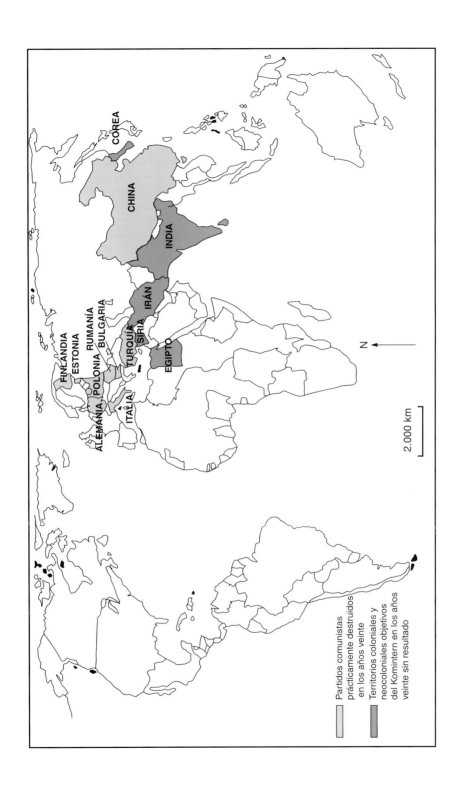

CÓREA

CHINA

INDIA

IRÁN

SIRIA

TURQUÍA

EGIPTO

RUMANÍA

BULGARIA

FINLANDIA

ESTONIA

POLONIA

ALEMANIA

ITALIA

N

2.000 km

Partidos comunistas
prácticamente destruidos
en los años veinte

Territorios coloniales y
neocoloniales objetivos
del Komintern en los años
veinte sin resultado

Mapa 3. Caos y comunismo en China, 1918-1939

Ninguna revolución comunista triunfó durante la existencia del Komintern. Pero en la nación más poblada de la tierra, el comunismo se convirtió en una fuerza creciente, y su victoria final produjo enorme impacto en el desarrollo, la evolución y las consecuencias de la Guerra Fría. Por tanto, vale la pena estudiar su trayectoria.

En 1911 la desacreditada dinastía Qing de China fue derrocada. Por desgracia para el país, resultó imposible establecer un gobierno constitucional. En la China fragmentada, ocupaba el poder local cualquiera que reuniese suficientes contingentes militares. China se dividió entre señores de la guerra locales, que saquearon brutalmente a sus súbditos hasta que los desplazaron otros aún más implacables. Los sufrimientos provocados por las riadas y las hambrunas recibieron tan poca atención como los provocados por los tiranos locales. La vida de los campesinos chinos era horrible. El Partido Nacionalista, el Kuomintang, aspiraba a reunificar China. Su líder, Chiang Kai-shek, dirigió la expedición del norte (1926-1928) para culminar la tarea, al menos nominalmente. En vez de luchar, Chiang Kai-shek se dispuso a transigir con muchos señores de la guerra, que aceptaron formalmente su liderazgo, aunque en realidad se mantuvieron independientes. Pero con eso no se acababan los problemas de China. Chiang Kai-shek era otro señor de la guerra más y convirtió el Kuomintang en instrumento de una dictadura, a su vez sinónimo de la corrupción y la incompetencia más descaradas.

El Partido Comunista Chino (PCC) había sido aliado del Kuomintang. A Moscú le interesaba contar con una China unida y fuerte en la frontera sur de la Unión Soviética. Pero la expedición del norte demostró que el PCC gozaba de un considerable apoyo popular, cosa que alarmó a Chiang. En 1926 Chiang Kai-shek atacó al PCC, pero el Komintern insistió en el mantenimiento de la alianza, lo cual dejó al partido sin recursos cuando Chiang Kai-shek procedió a exterminarlo en 1927. El PCC fue expulsado de las ciudades y se convirtió en un partido de campesinos. Tras verse asediado en su base de Jiangxi, por culpa de un asesor que había enviado el Komintern, el PCC trasladó la Larga Marcha a una nueva base, en el norte de Yan'an, y encontró un nuevo líder en Mao Zedong quien, aparte de acatar la voluntad de Moscú en todo, iba a plantar la semilla de una futura escisión.

Mao insistió en que la primera prioridad era ganar el apoyo de los campesinos. En el territorio del PCC se redistribuyó la tierra, la presión fiscal se repartió equitativamente, se ejecutaron las leyes y se hizo justicia. Al ejército rojo chino, muy politizado, se le exigió que tratase a los campesinos y sus propiedades con respeto y que ayudase a recoger las cosechas. El PCC consiguió así la alianza activa del campesinado, lo cual permitió a los comunistas sobrevivir a la serie de campañas de exterminación que Chiang Kai-shek emprendió contra ellos.

Sin embargo, en un determinado momento dicha prioridad iba a perder apoyo en el resto de China. En septiembre de 1931 el ejército japonés se apoderó de Manchuria. Sin la ayuda occidental, Chiang Kai-shek sufrió la humillación de tener que aceptarlo. Pero en China creció el sentimiento nacionalista y aumentaron las exigencias de resistir a Japón. La presión fue tal que Chiang Kai-shek dejó a un lado la guerra civil y se embarcó en la alianza antijaponesa que Mao le ofrecía. La situación alcanzó el punto culminante cuando Chiang Kai-shek fue secuestrado por sus propias tropas en Xi'an, en diciembre de 1936, hasta que aceptó de mala gana la alianza. Los japoneses, tras darse cuenta de que estaban a punto de perder su dominio sobre Manchuria, emprendieron una guerra sin cuartel contra China en julio de 1937. Esperaban castigar a los chinos y obligarlos a admitir las condiciones japonesas, que reducían a China a la categoría de colonia. Fracasaron porque a Chiang Kai-shek no le importaba el sufrimiento del pueblo chino, y la atrocidad cometida en diciembre de 1937, la «masacre de Nanjing», que costó la vida a doscientas mil personas, sólo sirvió para endurecer la postura china.

Las tropas de Chiang Kai-shek lucharon valerosamente, pero carecían de equipo moderno y estaban mal dirigidas. Chiang Kai-shek controlaba tan sólo treinta de las trescientas divisiones nominalmente bajo su mando. Estas divisiones constituían el fundamento de su poder político y no quería perderlas, pues seguía pensando que su principal enemigo era el PCC. Los japoneses ocuparon extensos territorios, pero no tenían recursos humanos para conquistar toda China. Al cabo de varios meses se llegó a un punto muerto que Chiang Kai-shek estaba dispuesto a aceptar. Creía que Occidente libraría a China de los japoneses y que él resurgiría como líder, con la fuerza suficiente para destruir a los comunistas. No entendió las consecuencias de dicho punto muerto. La economía bélica era un caos. La inflación se había descontrolado. En medio de durísimas carestías, el Kuomintang se volvió aún más corrupto. La moral y la eficiencia del ejército de Chiang Kai-shek se deterioraron a pasos agigantados. El apoyo popular al régimen empezó a evaporarse.

Al PCC le fue mejor. Cuando los japoneses avanzaron, sólo ocuparon centros urbanos y líneas ferroviarias. Los funcionarios del Kuomintang y los terratenientes huyeron del resto del territorio «ocupado», pero los japoneses no impusieron su administración hasta 1939. Esto originó un vacío de poder que el PCC, que contaba con el mayor ejército guerrillero del mundo, estaba deseando llenar. El PCC siguió poniendo gran empeño en ganarse a los campesinos, a base de reducir los arrendamientos y las tasas de interés y de recaudar impuestos justos. Una cuidada propaganda exageró los avances comunistas frente a los japoneses. En resumen, mientras el Kuomintang se deterioraba, el PCC controlaba cada vez más territorio y a más gente y daba en el blanco al apelar al sentimiento nacionalista chino.

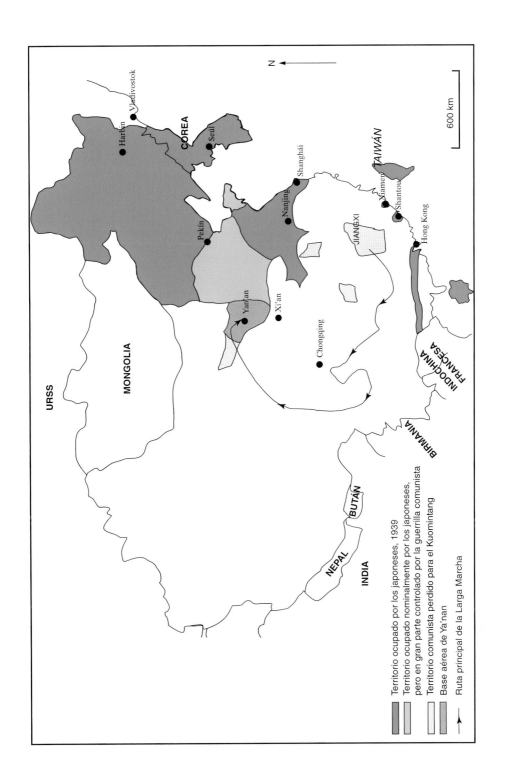

Territorio ocupado por los japoneses, 1939

Territorio ocupado nominalmente por los japoneses, pero en gran parte controlado por la guerrilla comunista

Territorio comunista perdido para el Kuomintang

Base aérea de Ya'nan

Ruta principal de la Larga Marcha

URSS

MONGOLIA

NEPAL

BUTÁN

INDIA

BIRMANIA

INDOCHINA FRANCESA

COREA

TAIWÁN

Vladivostok

Harbin

Seúl

Shanghái

Nanjing

Xiamen

Shantou

Hong Kong

JIANGXI

Pekín

Yan'an

Xi'an

Chongqing

N

600 km

Mapa 4. Política exterior de Stalin

Durante la Segunda Guerra Mundial, en Occidente se llamaba a Stalin el *Tío Joe* y se lo aclamaba como gran aliado. Pero muchos políticos occidentales recordaban perfectamente su conducta oportunista y falta de escrúpulos en los años treinta. Se trataba de una persona que no gozaba de gran confianza en Occidente y que, a su vez, desconfiaba de los países occidentales. En el mundo anterior a la guerra surgieron gran parte de las hostilidades que se desarrollaron después de la guerra.

En enero de 1933 Hitler se convirtió en canciller de Alemania. Se lo facilitaron en cierto sentido los comunistas alemanes que, siguiendo las instrucciones de Stalin a través del Komintern, se dedicaron a vilipendiar a los socialistas germanos tildándolos de traidores a su clase. El movimiento obrero estaba demasiado dividido y debilitado para resistir la toma del poder por parte de los nazis. Sin embargo, Stalin enseguida se dio cuenta del tremendo error que había cometido, aunque nunca lo reconoció. Al fin y al cabo, Hitler nunca había ocultado su intención de destruir el estado bolchevique. En lo sucesivo, la política exterior de Stalin se iba a centrar en proteger a la Unión Soviética de la amenaza nazi, lo cual requería una coalición internacional para contener a Alemania, en la que debían participar los países hasta entonces considerados acérrimos enemigos de la URSS: Gran Bretaña y Francia.

Los comunistas recibieron órdenes de no atacar a otros grupos de izquierdas y de emprender acciones conjuntas contra el fascismo. Con este fin se convenció a los socialistas, los liberales e incluso a los conservadores antifascistas para que formasen parte de las coaliciones parlamentarias o frentes populares. Para persuadir a los nuevos aliados de que los comunistas eran de fiar, a partir de entonces estos tuvieron que oponerse a las actividades revolucionarias. En Francia y en España el efecto fue inmediato y se crearon gobiernos frentepopulistas. En Gran Bretaña la mayoría de los partidos políticos no se dejaron convencer.

En el terreno diplomático, la Unión Soviética tuvo más papel que nunca en la escena internacional y firmó una serie de pactos de no agresión con sus vecinos. En 1934 ingresó en la Liga de Naciones. La URSS se convirtió en uno de los principales defensores de la seguridad colectiva, al exigir que la Liga impusiese sanciones a los agresores y protegiese a las víctimas de las agresiones. Sin embargo, la agresión permanente de Japón contra China y la conquista de Abisinia por parte Italia, sin que la Liga emprendiese acciones efectivas, demostraron que la organización no serviría de protección a la Unión Soviética, que enseguida perdió su entusiasmo.

La URSS también firmó alianzas con Checoslovaquia y Francia. Se comprometía a defender a los checos con la condición de que Francia actuase primero, cosa que Stalin consideró el paso inicial para constituir una coalición antialemana, que era su prioridad. Esto hizo que los acontecimientos de España pusiesen a Stalin en una difícil situación, pues el gobierno del Frente Popular era obra suya. Cuando en julio de 1936 un pronunciamiento mili-tar desembocó en una brutal guerra civil, no podía abandonar a la España republicana. Sin embargo, la victoria republicana corría el riesgo de conducir a una España soviética, lo cual alarmaría a Gran Bretaña y Francia y las empujaría a una alianza antisoviética con Alemania. En consecuencia, la ayuda que recibió la República española, pagada por adelantado, tenía como mero fin prolongar la resistencia y nunca llegó para asegurar la victoria.

A pesar de todos los esfuerzos de Stalin, la coalición que tanto le interesaba no se materializó. En contra de sus intenciones, su propia conducta dentro de la Unión Soviética no contribuyó a la defensa de su causa. Cuando se llevaron a cabo las purgas del Ejército Rojo, el valor de la Unión Soviética como potencial aliada quedó en entredicho. Sobre todo, Gran Bretaña y Francia no tenían ganas de refrenar a Alemania. Alemania militarizó Renania, se anexionó Austria e intervino en España, provocando tan sólo protestas. Pero debido a sus alianzas con Francia y la URSS, Checoslovaquia se encontraba en una situación diferente y podía constituirse una coalición antialemana. Stalin comunicó al gobierno francés su disposición de apoyarlo para ayudar a los checos. Si Francia se mantenía firme, Inglaterra no podría echarse a un lado. Pero los franceses deseaban a toda costa deshacer su compromiso con Checoslovaquia y querían que Inglaterra tomase la iniciativa de evitar la guerra obligando a los checos a aceptar todas las concesiones impuestas por Hitler. Cuando se celebró una conferencia en Múnich para decidir el destino de Checoslovaquia, Stalin no fue invitado.

Para Stalin fue prueba de que no iba a haber coaliciones. Vio además con gran recelo los motivos de Inglaterra y Francia, que tal vez quisiesen dar vía libre a Hitler en el este y que podrían conspirar con Hitler para destruir la Unión Soviética. Por tanto, la URSS debería emplear sus propios recursos para sobrevivir. El Frente Popular (y la España republicana) fueron abandonados. Se imponía una urgente reorganización del Ejército Rojo, lamentablemente debilitado por las purgas de Stalin. Esto requeriría tiempo. Stalin quería ganar ese tiempo llegando a un entendimiento con Hitler. En marzo de 1939 Alemania ocupó el resto de Checoslovaquia, demostrando a Occidente la locura de transigir con Hitler. Los países occidentales se interesaron entonces por una coalición antialemana, pero era demasiado tarde. En agosto se firmó el pacto nazi-soviético, mientras se desarrollaba la crisis de Polonia.

Este lamentable episodio contribuyó a reforzar los prejuicios y sospechas existentes. A ojos de Stalin confirmó que las potencias extranjeras deseaban destruir a la URSS y que harían cualquier cosa para conseguirlo. Para los países occidentales fue prueba de la brutalidad del bolchevismo, indigno de la menor confianza, carente de principios por completo y empeñado en expandirse por medio de conquistas. En resumen, con prácticas muy similares a las del nazismo.

N

FINLANDIA

CARELIA

Helsinki

Leningrado

Estocolmo

Tallin

ESTONIA

LETONIA

Riga

LITUANIA

URSS

Königsberg

Dánzig

ALEMANIA

Berlín

Varsovia

POLONIA

600 km

Praga

BOHEMIA-
MORAVIA

Cracovia

Lvov

GALITZIA ORIENTAL

BUCOVINA

ESLOVAQUIA

Viena

Bratislava

BESARABIA

AUSTRIA

Budapest

HUNGRÍA

RUMANÍA

Sebastopol

Bucarest

Arcángel

☐ Territorio adquirido por Alemania hacia 1940
☐ Territorio adquirido por la URSS hacia 1940
☐ Estados dominados por Alemania

Mapa 5. La Gran Alianza en la Segunda Guerra Mundial

Stalin se benefició de la destrucción de Polonia, y la caída de Francia, sorprendentemente rápida, contribuyó a convencerlo de que su política de acuerdos temporales con Hitler era acertada. Con la idea de que había comprado tiempo de sobra a Hitler, no hizo ningún movimiento que pudiese alterar su mutuo entendimiento. En los países occidentales, se le consideró a la altura de Hitler.

Al presidente Roosevelt le preocupaban los acontecimientos de Europa. Aunque se mostraba más solidario que sus compatriotas, coincidía con ellos en que Estados Unidos no debía intervenir. Sin embargo, Inglaterra ofrecía generosa ayuda económica. Extraoficialmente se estaba desarrollando un acuerdo estratégico entre Roosevelt y Churchill que podía convertirse en asociación. Pero no había perspectivas inmediatas de victoria británica. En junio de 1941 Hitler organizó la Operación Barbarroja, la invasión de la Unión Soviética, y la escena estratégica cambió. Casi nadie creía que la URSS pudiese aguantar más de unas semanas, pero si lo hacía, allí estaba el capital humano (no estadounidense) necesario para derrotar a Alemania.

La opinión mundial mudó de pronto. El Ejército Rojo se ganó la mayor admiración por su heroísmo. Stalin dejó de ser un villano y se convirtió en un aliado querido y respetado. Gran Bretaña y Estados Unidos, que temían un prematuro derrumbamiento soviético, se apresuraron a ofrecer suministros a Moscú. Las necesidades soviéticas eran ingentes: Stalin reclamaban miles de aviones y fábricas enteras, lo cual rebasaba la capacidad del bloque occidental. Pero se hicieron muchas promesas. Muchas más de las que se podían cumplir. Se estaba forjando una alianza, pero con puntos de fricción desde el principio. Stalin no estaba dispuesto a aceptar las disculpas occidentales por la escasez de los suministros; sospechaba que los Aliados no actuaban de buena fe y que posiblemente sólo pretendían proporcionar ayuda suficiente para que la Unión Soviética y Alemania se destruyesen entre sí.

Sin embargo, aún iba a surgir un asunto más discordante, sobre todo después de que Estados Unidos entrase en guerra en diciembre de 1941. Se trataba de la organización de la invasión de Europa occidental. Desde el inicio del ataque alemán, Stalin comprendió que los desembarcos en el oeste eliminarían la presión sobre el Ejército Rojo. Uno de los últimos actos del Komintern fue ordenar a los comunistas de todos los países que exigiesen una invasión inmediata. A Stalin no le importaban las dificultades del proyecto. El problema era que, si bien los estadounidenses estaban en líneas generales a favor de una invasión temprana, los británicos no. Churchill se daba perfecta cuenta de lo complicada que sería una invasión, pues había sido responsable del desembarco de Galípoli en 1915. Además, Gran Bretaña sólo tenía recursos para afrontar una invasión y tendría que producirse cuando el éxito estuviese asegurado.

Roosevelt sugirió al ministro de Asuntos Exteriores soviético, Molotov, la posibilidad de realizar una invasión en 1942. Stalin lo interpretó como compromiso terminante. A Churchill le pareció una idea suicida y absurda, pero la admitió como contingencia remota. Sin embargo, presionó a Roosevelt para que realizase el desembarco en el norte de África. Churchill visitó Moscú para informar a Stalin. La reunión fue difícil, con un Stalin brusco y ofensivo que dio a entender que los británicos no tenían valor para luchar contra los alemanes. Churchill, enfurecido, exageró mucho la perspectiva de una invasión en 1943. Y de nuevo Stalin lo interpretó como una seria promesa. Pero las operaciones se prolongaron en el norte de África, y hubo que informar a Stalin de que no sería posible ninguna invasión en Europa occidental hasta 1944.

Stalin no veía más que demoras inexplicables y promesas rotas, que apoyaban sus sospechas de que los países occidentales pretendían dejar que los alemanes desangrasen a la Unión Soviética. Aunque las sospechas no eran exclusivas de un bloque. Churchill y Roosevelt temían que Stalin firmase una paz independiente con Hitler. Lo había intentado en secreto en los primeros momentos de la invasión, ofreciendo Ucrania a cambio de la paz. Las obsesiones raciales de Hitler lo impidieron. Pero incluso en una fecha tan tardía como 1944, existía el temor de que Stalin quisiese firmar una paz por su cuenta cuando los alemanes fuesen expulsados del país soviético.

Estas sospechas mutuas nunca se airearon públicamente. Por el contrario, según la mayoría de los observadores, se había forjado una alianza muy estrecha. La fuerza de dicha alianza no debe menospreciarse. En efecto, existió cooperación. Cuando se realizó la Operación Overlord en junio de 1944, el Ejército Rojo llevó a cabo una ofensiva general para evitar que los alemanes reforzasen el oeste. Las reuniones de los «tres grandes», en Teherán en noviembre de 1943 y en Yalta en febrero de 1945, fueron cordiales. Roosevelt llegó a creer que había establecido una relación personal con Stalin que garantizaría la cooperación después de la guerra. Se trataron difíciles temas de la posguerra, como las futuras fronteras de Polonia, y se alcanzaron acuerdos. Aunque asuntos realmente problemáticos, como el futuro de Alemania, se postergaron hasta después de la guerra. La idea general que dominaba en todas partes era que la asociación ganadora de la guerra se mantendría para asegurar la paz.

Sin embargo, bajo la superficie subsistían los recelos. Un enemigo común había unido a los tres principales aliados. Con la inminente derrota de Hitler, el mantenimiento de la alianza ya no era cuestión de supervivencia. No existía verdadera confianza para cimentarla. Cualquier controversia podía quebrar la unidad que existía entre los tres.

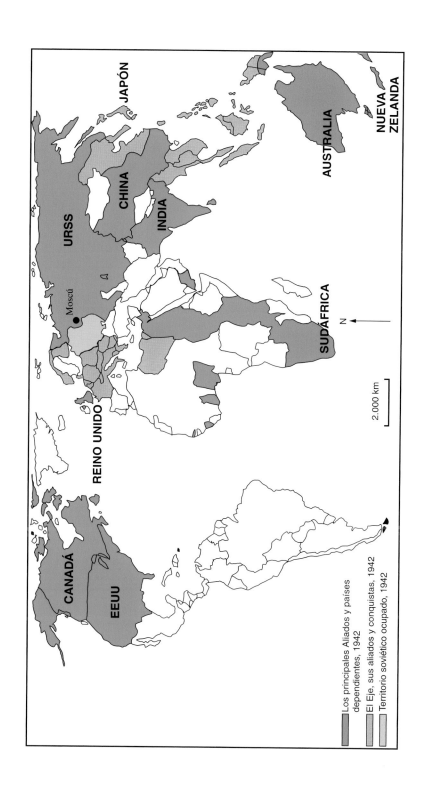

JAPÓN

AUSTRALIA

NUEVA
ZELANDA

CHINA

INDIA

URSS

Moscú

SUDÁFRICA

N

2.000 km

REINO UNIDO

CANADÁ

EEUU

Los principales Aliados y países
dependientes, 1942

El Eje, sus aliados y conquistas, 1942

Territorio soviético ocupado, 1942

Mapa 6. La división de Alemania en zonas

Algunas de las cuestiones más polémicas que los tres grandes habían aplazado hasta el final de la guerra se referían al futuro de Alemania. No resultaba raro, pues el tema era extremadamente complejo y sin duda generaría grandes divergencias entre los Aliados. No sorprendió a nadie, por tanto, que después de la guerra el futuro de Alemania se convirtiese en una de las discusiones más amargas que condujeron a la Guerra Fría.

Los Aliados tenían necesidades diferentes. La Unión Soviética reclamaba reparaciones para recuperarse de la destrucción infligida por Alemania. Además, Stalin estaba decidido a quedarse con el territorio ocupado en 1939 y 1940. Deseaba compensar a los polacos entregándoles territorios alemanes lo cual, en realidad, permitía el avance de su país hacia el oeste. Quería también seguridad. Para evitar otro ataque alemán se requería la cooperación permanente entre los Aliados. Stalin estaba dispuesto a ser flexible con respecto al futuro de Alemania, siempre que los acuerdos garantizasen la seguridad. Los estadounidenses no acababan de decidirse. Algunos, entre ellos Roosevelt, eran partidarios de una actitud punitiva. Otros, entre los que se contaba el Departamento de Estado, querían una rápida rehabilitación de Alemania para incluirla en un nuevo orden mundial que favoreciera la democracia, la empresa privada y los intereses políticos y comerciales de Estados Unidos. Sin embargo, todos los estadounidenses coincidían en que sus tropas no debían quedarse en Europa demasiado tiempo. En la conferencia de Yalta, en febrero de 1945, Roosevelt habló de una retirada al cabo de dos años. Los ingleses deseaban también seguridad, pero no con una Alemania resurgida. La derrota alemana permitió que el Ejército Rojo ocupase todo el este de Europa. Muchos políticos británicos desconfiaban de la capacidad de las Naciones Unidas para contener a los soviéticos y del futuro comportamiento de Stalin. Para impedir que la Unión Soviética dominase todo el continente, había que oponerse a ella con fuerzas muy contundentes. Inglaterra no las tenía, ni aunque Francia recuperase su carácter de gran potencia.

Se llegó al acuerdo de ocupar conjuntamente Alemania, que se consideraría una única entidad política, administrada por un Consejo de Control Aliado. Se trazaron tres zonas de ocupación militar y se entregó el 40 por 100 del territorio a la URSS. Posteriormente, debido a la insistencia de Inglaterra, se añadió una cuarta zona para garantizar la presencia de Francia. Como Alemania era una entidad política única, la capital, Berlín, que estaba en zona soviética, también se ocupó conjuntamente. Stalin se mostró satisfecho con el acuerdo, sobre todo porque se aceptaron sus planes acerca de las nuevas fronteras de Polonia.

Los tres grandes barajaron la idea de desmembrar Alemania. Roosevelt sintió un breve interés por el Plan Morgenthau para desindustrializar Alemania y convertirla en un país agrícola. Pero cuando Alemania se rindió, la idea se había descartado por considerarla impracticable. Sólo serviría para empobrecer y amargar al pueblo alemán, lo cual alimentaría el extremismo político. Al cabo de unas décadas, una Alemania resurgida sería tan agresiva como la de antes de la guerra. Se estaban sembrando así las semillas de otra guerra. Alemania debía ser una nación aislada, desmilitarizada, pero sin desmontar su industria.

En cuanto se dividió Alemania, las relaciones este-oeste se deterioraron de forma catastrófica. El principal motivo fueron las reparaciones de guerra. Stalin se mostró flexible con la política de ocupación, pero no con las reparaciones. La URSS necesitaba muchas cosas. En febrero de 1945 en Yalta, Stalin propuso que Alemania pagase indemnizaciones por valor de veinte billones de dólares, la mitad de los cuales serían para la Unión Soviética. Pero el Tratado de Versalles había demostrado a los británicos que las indemnizaciones eran un error, pues se les achacó la culpa de todos los males de Alemania y de alimentar el nazismo. Si alternativamente, se obtenían expoliando el equipamiento industrial alemán, los aliados se enfrentarían a los inconvenientes del Plan Morgenthau y de nuevo darían pie al extremismo. En cambio, si se pagaban las indemnizaciones con bienes manufacturados, habría que reconstruir la industria alemana, lo cual resucitaría la potencial amenaza alemana aún más pronto. Otro factor era que el Departamento de Estado americano consideraba el reparto de indemnizaciones y de préstamos para la reconstrucción como un medio para controlar a los soviéticos. El nuevo presidente de Estados Unidos, Truman, no vio la ventaja de mostrarse complaciente al respecto.

Sin embargo, la falta de una autoridad central supuso una debilidad crucial en la posición de Truman. Cuando se trazaron los planes para el Consejo de Control Aliado, fue con la idea de que funcionase a través de una administración central alemana. Pero la derrota había dejado a Alemania sin gobierno. Sin un gobierno central, nada impedía a los poderes ocupantes gobernar sus respectivas zonas como quisiesen. En la zona soviética se llevó a cabo un rápido saqueo de recursos. Los estadounidenses no lograron establecer un acuerdo comercial para contener la conducta soviética y las mercancías dejaron de circular entre las distintas zonas. Había divergencias entre recriminaciones mutuas y acusaciones de mala fe. Para evitar que el nuevo gobierno laborista inglés nacionalizase la industria en su zona, Estados Unidos propuso la unificación de sus dos zonas. Inglaterra aceptó, pues su zona suponía una gran carga económica. La Bizona se creó en noviembre de 1946. Dos años después se unió Francia. La zona soviética, en cambio, se administró como entidad independiente. A pesar de las intenciones de los tres grandes, iban a surgir dos Estados alemanes separados. Las hostilidades mutuas se agravaron, y en el mapa se discernía claramente la línea que Churchill había denominado en marzo de 1946 «Telón de Acero».

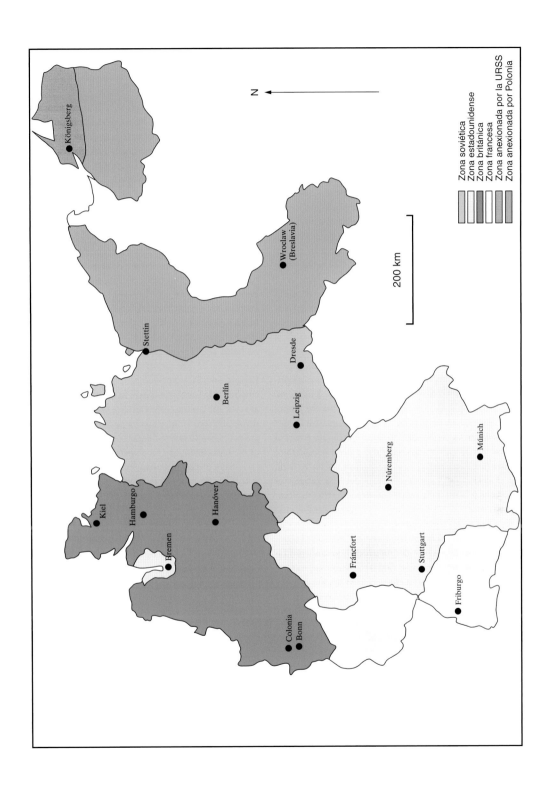

Zona soviética
Zona estadounidense
Zona británica
Zona francesa
Zona anexionada por la URSS
Zona anexionada por Polonia

N

200 km

Königsberg

Wroclaw
(Breslavia)

Stettin

Dresde

Berlín

Leipzig

Múnich

Núremberg

Kiel

Hamburgo

Hanóver

Bremen

Fráncfort

Stuttgart

Friburgo

Colonia
Bonn

Mapa 7. El fin de la guerra contra Japón

A mediados de 1945, según criterios racionales, Japón era un país derrotado. Los bombardeos estadounidenses habían destruido casi toda la industria y los centros urbanos. Tanto las fuerzas aéreas como las navales estaban destrozadas. Las comunicaciones se habían interrumpido y las reservas de comida escaseaban. El gobierno japonés se daba cuenta de que la situación era desesperada. Estaba deseando acabar la guerra, pero no quería aceptar una rendición incondicional. Los japoneses creían que contaban con fuerzas suficientes y reservas de combustible y municiones que dificultarían mucho una invasión, o al menos esperaban convencer de eso a los estadounidenses. Suponían que los estadounidenses preferirían negociar a pagar semejante coste. Los líderes japoneses se acercaron a la Unión Soviética con el fin de comprar la mediación de Stalin y conseguir condiciones aceptables a través de concesiones territoriales. No sabían que Stalin había prometido en secreto a Estados Unidos entrar en guerra contra Japón tres meses después de la derrota de Alemania.

Sin embargo, por mucho empeño que pusiese Stalin, Japón no se libraría de la guerra con negociaciones. Desde que las primeras bombas cayeron en Pearl Harbor, Estados Unidos no contempló más posibilidad que la derrota absoluta de Japón. Pero mientras se planeaban los desembarcos, el número de víctimas resultaba alarmante. No sólo las víctimas militares estadounidenses provocaban inquietud; durante la batalla de Okinawa murieron ciento cincuenta mil civiles japoneses, un tercio de la población de la ciudad. Si Estados Unidos seguía causando tantas pérdidas en las islas japonesas, la pobreza y el odio resultantes volverían atractivo el comunismo. Pero sería posible una derrota rápida, sin los costes de una invasión, si se asestaba un gran golpe contra Japón. Así se convencerían los líderes japoneses de que no tenían forma de evitar la derrota total. La declaración de guerra por parte de los soviéticos serviría para propinar el golpe. Otra forma sería utilizar el arma atómica que Estados Unidos estaba desarrollando. Se esperaba que el golpe produjese una rendición inmediata y salvase vidas japonesas y estadounidenses. Igualmente, limitaría la contribución soviética a la guerra en Extremo Oriente y contendría las exigencias de Stalin.

Había que elegir los objetivos de la bomba atómica: una explosión atómica sobre montones de escombros tendría un impacto reducido. Los bombardeos convencionales estadounidenses eran tan destructivos que arrasarían cualquier ciudad en poco tiempo. Por tanto, las ciudades de Hiroshima, Kokura, Niigata y Nagasaki se excluyeron de los bombardeos convencionales. Las explosiones repentinas que recibió Japón asombraron a todo el mundo. El 6 de agosto de 1945 Hiroshima fue arrasada y se calcula que murieron ochenta mil personas. El 8 de agosto la Unión Soviética declaró la guerra. Al día siguiente fue destruida Nagasaki y murieron treinta y cinco mil personas.

Japón se apresuró a rendirse, y Truman nunca dudó de que había hecho lo correcto. Pero enseguida se puso en entredicho la moralidad de emplear semejante arma contra civiles y también su necesidad. La declaración de guerra por parte de los soviéticos desconcertó a Japón, que se encontró en guerra prácticamente contra el mundo entero. Para agravar la difícil situación de Japón, el Ejército Rojo emprendió una feroz ofensiva en Manchuria, Corea y la isla de Sajalín. La resistencia japonesa se derrumbó. Y habría bastado para convencer al gobierno japonés de que debía rendirse.

Gar Alperovitz fue el primero en afirmar que la utilización de la bomba atómica por parte de los estadounidenses tuvo poco que ver con la derrota de Japón y fue más bien una advertencia para la Unión Soviética. Una vez acabada la guerra en Europa, las relaciones entre Estados Unidos y la URSS se tensaron. Se había supuesto que ambos países continuarían cooperando, pero eso no ocurrió. En Washington dominaba la idea de que Stalin no había sido sincero en sus promesas. Por ende, rechazaba las exigencias de Estados Unidos de modificar su conducta en Europa oriental y su postura sobre las indemnizaciones. Tras el empleo de la bomba atómica, se dio por sentado que todos estos asuntos habían quedado claros, a satisfacción de los estadounidenses. Estados Unidos no amenazaría con utilizar la bomba. No era necesario. El hecho de que la tuviese constituía amenaza suficiente para Stalin, que en consecuencia modificaría su conducta.

Dicha teoría no resulta del todo convincente. Truman, que había llegado a la vicepresidencia tan solo ochenta y dos días antes de la muerte de Roosevelt, sabía poco de política exterior. No tenía ideas tan sofisticadas. Para él la bomba atómica era un arma más, que había costado enormes sumas a los contribuyentes americanos. Se utilizó porque estaba lista, nada más. Pero no cabe duda de que tuvo gran impacto sobre la política estadounidense. Se asumió que la posesión de la bomba concedía a Estados Unidos una decisiva ventaja diplomática. Permitió a Truman ser más exigente y menos dialogante en sus tratos con Stalin. La bomba alarmó a Stalin, que ordenó el desarrollo de una similar en su propio país, aunque enseguida comprendió sus limitaciones como herramienta diplomática. Estados Unidos podría utilizarla si Stalin atacaba Europa occidental, cosa que nunca se le ocurrió en serio. Pero no la emplearía para expulsar a la URSS de Europa del Este, pues la opinión pública americana no lo consentiría. En vez de resolver los problemas diplomáticos de Estados Unidos, la bomba atómica los agravó, acentuando el antagonismo con Rusia e impidiendo acuerdos en zonas donde habrían sido posibles. La Guerra Fría se desarrollaba así rápidamente.

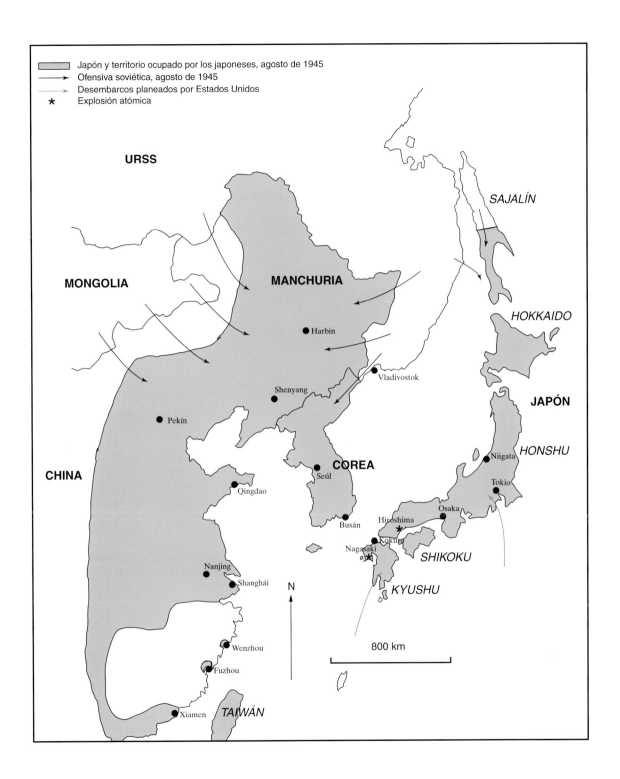

Japón y territorio ocupado por los japoneses, agosto de 1945
Ofensiva soviética, agosto de 1945
Desembarcos planeados por Estados Unidos
★ Explosión atómica

URSS

SAJALÍN

MONGOLIA

MANCHURIA

HOKKAIDO

● Harbin

● Shenyang

● Vladivostok

JAPÓN

● Pekín

HONSHU

● Niigata

CHINA

COREA

● Seúl

● Tokio

● Qingdao

● Osaka

● Busán

Hiroshima ★

Nagasaki ★ Kokura

SHIKOKU

● Nanjing

● Shanghái

N

KYUSHU

● Wenzhou

● Fuzhou

800 km

● Xiamen

TAIWÁN

EL COMIENZO DE LA GUERRA FRÍA

Mapa 8. Europa del Este, 1944-1949

Al final de la guerra el Ejército Rojo ocupaba la mitad del continente europeo, como se había previsto. Roosevelt creyó que la relación personal establecida con Stalin cimentaría una asociación de larga duración que conformaría el mundo de la posguerra y permitiría la instauración de gobiernos democráticos en todas partes. Roosevelt comprendía que poco podía hacer sin la colaboración de Stalin y se aferraba a la esperanza de que el presidente ruso fuese un socio fiable si se le garantizaba la seguridad de la Unión Soviética. Por eso, se aceptaron las reivindicaciones territoriales de Stalin sobre Polonia.

Había motivos para el optimismo. Stalin había afirmado en repetidas ocasiones que no propagaría el comunismo al final de la guerra. Después de la derrota de Finlandia en 1940, se había apoderado del territorio, pero permitiendo que Finlandia conservase su independencia. A los finlandeses sólo se les había exigido renunciar a las relaciones exteriores perjudiciales para la URSS. No había razones para pensar que la URSS no haría lo mismo en Europa del Este. Tal y como Stalin había prometido en Yalta en febrero de 1945, se crearon gobiernos de coalición provisionales en todo el este de Europa. Los comunistas participaban en esas coaliciones, pero sólo en minoría. Los recelos mutuos del periodo bélico y los asuntos conflictivos suscitados por la victoria indicaban que las relaciones este-oeste serían difíciles. Pero en 1945 los problemas no parecían insuperables.

Por desgracia, las negociaciones de la etapa bélica tendieron a buscar acuerdos, aplazando las cuestiones conflictivas. Muchas veces, dichos acuerdos se expresaban en términos vagos. Esto se vio de forma clara en el acuerdo clave de Yalta, que el oeste esperaba sirviese para contener la conducta soviética en el este de Europa: la Declaración de la Europa Liberada, en la cual Stalin aceptó que las naciones liberadas tuviesen gobiernos de coalición provisionales. A continuación, se celebrarían elecciones libres en las que se elegirían gobiernos representativos. A cambio, para satisfacer las preocupaciones de Stalin sobre la seguridad, Roosevelt y Churchill le prometieron que habría gobiernos amistosos en los países lindantes con la Unión Soviética.

En estas promesas había muchas imprecisiones que acabarían siendo peligrosas. Los nuevos gobiernos debían elegirse libremente y al mismo tiempo ser cordiales con la URSS. Pero en caso de que no pudiesen conseguirse ambas cosas, ¿cuál sería la prioridad? Stalin, asumiendo que Occidente respetaba su preocupación por la seguridad, no dudaba de que los gobiernos vecinos serían amistosos. En cambio, a Truman le parecía que las promesas llevaban a la ruptura de la democracia.

Este problema surgió ya antes de que acabase la guerra, cuando el Ejército Rojo entró en Polonia en 1944. La tradicional hostilidad polaca contra los rusos era muy fuerte. Para colmo, Stalin había colaborado con Hitler en la destrucción de Polonia en 1939. Asimismo, se sospechaba (correctamente) que era el culpable del asesinato de miles de prisioneros polacos. Por último, había detenido al Ejército Rojo cuando la Resistencia polaca se rebeló en Varsovia, abandonándola a la masacre. La idea de que un gobierno libremente elegido en Polonia fuera amistoso con la URSS resultaba ridícula. Por tanto, Stalin procedió a crear su propio régimen polaco, excluyendo al gobierno en el exilio de Londres. A Stalin le habían prometido un gobierno amistoso y su conducta estaba plenamente justificada.

A Stalin se le había excluido de la administración de Italia, y él a su vez no dudó en excluir al oeste de la administración de Europa del Este. Pero le preocupaban las críticas de los grupos de emigrados de Europa oriental que vivían en el oeste. La categórica censura de Churchill contra la Unión Soviética en Fulton, Missouri, en marzo de 1946, cuando declaró que «un telón de acero ha descendido sobre Europa», constituyó otro motivo de desvelo. El hecho de que Truman escuchase el discurso y lo avalase con su presencia, agravó el nerviosismo de Stalin, que en vez de realizar elecciones democráticas, estrechó su dominio sobre Europa oriental. Entre 1946 y 1949 se siguió esa pauta, acosando e intimidando a los partidos conservadores y liberales; encarcelando, asesinando o enviando al exilio a sus líderes; silenciando a la prensa. Los partidos socialistas fueron obligados a fusionarse con los comunistas, lo cual significaba que en realidad fueron absorbidos. Se establecieron regímenes comunistas totalitarios tras elecciones descaradamente manipuladas y se impusieron estados policiales. En 1949, con la creación de un Estado alemán oriental separado, nació el imperio soviético en la Europa del Este.

Sin embargo, no era un imperio monolítico. En Yugoslavia y Albania los partisanos comunistas llegaron al poder de forma independiente. Sin fronteras directas con la URSS, lograron mantener un grado de independencia que enfurecía a Stalin. A pesar de esto, Occidente tendió a ver un imperio monolítico totalmente subyugado a Moscú. A Stalin se le echó en cara la violación de todas sus promesas y la intención de extender el comunismo por todo el mundo, a través de la invasión o de la subversión. En septiembre de 1946, un diplomático estadounidense, George Kennan, envió un famoso telegrama a Washington que contribuyó a delinear la política de Estados Unidos. Kennan afirmaba que el régimen soviético era brutal, carecía de escrúpulos y estaba decidido a destruir el mundo capitalista y urgía a su gobierno a emprender a largo plazo una estrategia de contención de alcance global. Europa se encontraba al borde de la Guerra Fría.

Repúblicas populares establecidas

- 1945
- 1946
- 1947
- 1948
- 1949
- Emplazamientos del Ejército Rojo

N

Leningrado

Mar Báltico

Riga

DINAMARCA

Minsk

400 km

Berlín

Varsovia

ALEMANIA
ORIENTAL

POLONIA

URSS

Praga

ALEMANIA
OCCIDENTAL

CHECOSLOVAQUIA

Viena

AUSTRIA-
OCUPADA POR LAS
CUATRO POTENCIAS

Budapest

HUNGRIA

RUMANÍA

Bucarest

Belgrado

YUGOSLAVIA

Mar Adriático

BULGARIA

Sofía

TURQUÍA

Roma

Tirana

Estambul

ITALIA

ALBANIA

GRECIA

Mapa 9. La Doctrina Truman

En octubre de 1944 Churchill firmó el pacto porcentual que dividía los Balcanes en zonas de influencia con Stalin. Churchill pensaba en un objetivo de la política exterior británica a largo plazo: la exclusión de Rusia del Mediterráneo. En el pacto se reconoció que Grecia era asunto de Inglaterra. Garantizar la independencia y amistad de Grecia y una Turquía neutral era fundamental para la estrategia británica en el Mediterráneo. Por ello, Churchill ordenó intervenir al ejército británico cuando la resistencia comunista griega tomó las armas para impedir la restauración de la monarquía. Al igual que en Yugoslavia, los comunistas griegos habían ganado poder durante la guerra y estaban en condiciones de soportar una guerra civil larga y dura. Para Inglaterra acabó siendo una gran carga apoyar a su gobierno favorito, y ni siquiera era la única. Stalin ejercía intensas presiones sobre Turquía para que cediese bases navales en los Dardanelos y extensos territorios en el este del país. Las medidas de presión incluían acantonamiento de ingentes tropas en la frontera. Ante esto, Inglaterra debía proporcionar ayuda militar a gran escala para reforzar al gobierno turco. Para un país profundamente endeudado y empobrecido, con compromisos imperiales en todo el mundo, suponía una carga insostenible.

En febrero de 1947 el gobierno laborista británico endosó el problema a Estados Unidos sin miramientos. Se comunicó al gobierno estadounidense que Inglaterra no podía seguir apoyando a Grecia y a Turquía. Los británicos sugirieron a los norteamericanos que tomasen el relevo, pero fuese cual fuese su decisión, la ayuda británica cesaría inmediatamente. El mensaje fue recibido con recelo en Washington. Los norteamericanos no querían caer en la trampa de servir de salvaguarda al Imperio británico. Pero saltó a primera plana una idea que acabaría por dominar el pensamiento estadounidense y soviético durante toda la Guerra Fría: la «teoría del dominó». Si se permitía el triunfo del comunismo en Grecia y Turquía, sus vecinos se hallarían también en peligro. Al igual que una hilera de fichas de dominó cae si cae la primera, el comunismo acabaría venciendo en todas partes. Al final se impondría. Reforzado por los argumentos del telegrama de Kennan, que defendía la contención del comunismo a largo plazo, ganó fuerza el criterio de que debía apoyarse a Grecia y a Turquía.

Había otro motivo para que la administración Truman atendiese de buen grado tales argumentos. Tanto en la escena nacional como en la internacional, Truman carecía de la categoría de Roosevelt. El Partido Republicano tenía el control del Congreso y confiaba en ganar las elecciones presidenciales de 1948. Truman comprendía que necesitaba algo que le proporcionase apoyo y un respeto comparable al de Roosevelt. Y podría lograrlo con una fuerte postura anticomunista.

En marzo de 1947 Truman se dirigió al Congreso para pedir una ayuda de cuatrocientos millones de dólares destinada a Grecia y a Turquía. Aprovechó la ocasión para presentar lo que se convertiría en la Doctrina Truman. Afirmó que Estados Unidos tenía el deber de ayudar a todos los pueblos libres a proteger su libertad. El apoyo económico y militar a las naciones amenazadas resultaba fundamental para impedir la extensión de los regímenes totalitarios. Por su propia seguridad y por el bien del mundo, Estados Unidos debía proporcionar dicho apoyo. En resumen, Estados Unidos se comprometía a impedir la propagación del comunismo en el mundo, lo cual equivalía a una declaración de Guerra Fría contra la URSS.

Para Grecia y Turquía la ayuda era vital. Pero el programa enseguida presentó problemas, que en parte lastrarían la política exterior de Estados Unidos durante la Guerra Fría. El gobierno griego aceptó la ayuda encantado, pero no hizo el menor caso a los requerimientos de Estados Unidos de realizar reformas políticas que restasen atractivo al comunismo. No tardó en demostrarse que los norteamericanos poco podían hacer para imponerlas. Suprimir la ayuda daría la victoria a los comunistas. Y para contener a los comunistas se necesitaban gobiernos represivos, muchas veces brutales, cuyo único mérito estribaba en ser anticomunistas.

La Doctrina Truman no pretendía entregar el dinero de los contribuyentes americanos a los gobiernos que pedían limosna, pero no podía limitarse sólo a las democracias. Muchos estados represivos tenían problemas con la subversión de inspiración comunista y con la guerrilla por el mero hecho de ser represivos. En realidad, la Doctrina Truman alentaba a estos estados a calificar a todos sus enemigos de comunistas, cuando lo cierto era que se trataba de grupos muy dispares. Posteriormente, ocurriría lo mismo en Vietnam del Sur. Si la amenaza se identificaba con el comunismo, Estados Unidos se mostraba más generoso. Pero al mismo tiempo crecía el prestigio del comunismo: los que aspiraban a derrocar un régimen, recurrían a los comunistas, porque el propio régimen afirmaba que los comunistas constituían una terrible amenaza.

Aún más significativo era el hecho de que la Doctrina Truman identificaba al enemigo ideológico del mundo «libre». En términos simples y claros identificaba al comunismo como el enemigo del resto de la humanidad y afirmaba que debían dejarse a un lado las diferencias y unirse frente a dicha amenaza. En resumen, se había trazado una línea en el mapa: la que separaba el mundo «libre» del «no libre», y se sugería que el «libre» se encontraba asediado y debía defenderse. Naturalmente, también el mundo comunista se sentía asediado. Estas actitudes persistirían durante la Guerra Fría.

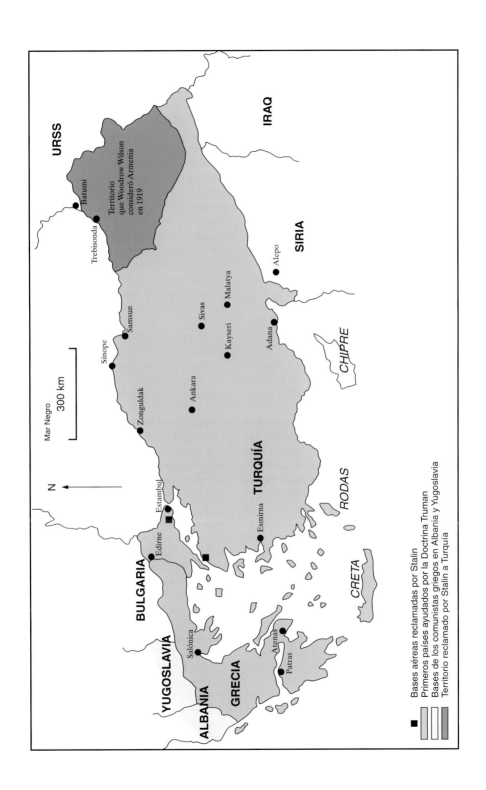

URSS

Batumi

Territorio que Woodrow Wilson consideró Armenia en 1919

Trebisonda

IRAQ

SIRIA

Alepo

Samsun

Malatya

Sivas

Sinope

Kayseri

Adana

CHIPRE

Mar Negro

300 km

Zonguldak

Ankara

N

TURQUÍA

Estambul

RODAS

Edirne

Esmirna

BULGARIA

CRETA

YUGOSLAVIA

Salónica

Atenas

ALBANIA

GRECIA

Patras

■ Bases aéreas reclamadas por Stalin

Primeros países ayudados por la Doctrina Truman

Bases de los comunistas griegos en Albania y Yugoslavia

Territorio reclamado por Stalin a Turquía

Mapa 10. El Plan Marshall

La Doctrina Truman se consideró una respuesta a la subversión comunista. Pero el problema comunista no acababa ahí. Los comunistas habían encabezado varios movimientos europeos de resistencia y representaban la antítesis al fascismo. Sobre todo en Francia e Italia, los partidos comunistas eran muy populares y tenían amplia base hasta el punto de que podían alcanzar el poder a través de las urnas. Francia e Italia no eran los únicos Estados en riesgo. El comunismo se alimentaba de necesidad y miseria, y había mucho de eso en la Europa de posguerra: abundaban el desempleo, la inflación, la falta de vivienda y el hambre. El invierno de 1946-1947 fue uno de los más duros del siglo, lo cual contribuyó a agravar los problemas de Europa. El continente no se recuperaba de la guerra. Las condiciones resultaban ideales para la propagación del comunismo.

Aunque no se trataba de un problema exclusivamente europeo. Animada por las exportaciones, la economía estadounidense había crecido mucho durante la guerra. Gran parte de las reservas mundiales de oro se almacenaban en Estados Unidos. Tras la brusca retirada de la Ley de Préstamo y Arriendo en agosto de 1945 nadie tenía dólares para comprar mercancías a Estados Unidos. El desempleo crecía sin parar. Existía el peligro de que Estados Unidos se viese de nuevo asfixiado por la depresión.

Para refrenar el comunismo y salvaguardar la prosperidad interior, Estados Unidos debía proporcionar cuantiosas ayudas a Europa. En junio de 1947, el secretario de Estado George Marshall pronunció un importante discurso sobre el particular. Afirmó Marshall que la ayuda irregular resultaba inútil. Europa tenía que reunirse y presentar a Estados Unidos un programa de recuperación continental. El objetivo final era la integración europea y erigir un baluarte contra el totalitarismo. El ministro de Asuntos Exteriores británico, Ernest Bevin, aceptó la oferta con las manos abiertas y se dispuso a organizar una conferencia europea para diseñar el plan. Bevin llegó a un acuerdo con los norteamericanos sobre la participación soviética en el plan, que no era bien vista. Los países de la Europa del Este podían participar, pero sólo si repudiaban el comunismo y el liderazgo soviético. Cuando Bevin informó a la URSS de la conferencia, habló de una entidad de coordinación central que establecería cuotas y prioridades para todos los participantes. La Unión Soviética nunca las aceptó y no asistió a la conferencia; asimismo, afirmó que sus países satélites declinarían la oferta.

Tras mucho hablar de la entidad de coordinación central, que era muy importante para los estadounidenses, el tema se dejó a un lado. A Europa no le interesaba la integración. La conferencia se destinaba a los países de Europa occidental, con algunas excepciones. Había mucha hostilidad hacia el régimen de Franco y, por tanto, no se invitó a España. Finlandia, que aún no había llegado a un acuerdo de paz con la Unión Soviética, prefirió declinar. Las zonas del oeste de Alemania y Austria y la ciudad de Trieste fueron representadas por las potencias ocupantes. Diseñar un plan realista resultó muy difícil, y los gobiernos no dudaron en engañar a la hora de enumerar recursos y necesidades. Pero al final se negoció un plan en ocho semanas, citando objetivos específicos que debían alcanzarse en 1952 y calculando la contribución de Estados Unidos en dieciséis billones de dólares.

El Plan Marshall proporcionó mercancías, más que dinero, con lo cual gran parte de la ayuda beneficiaba a la economía estadounidense. Pero su impacto sería determinante. Con máquinas de cadena de montaje se reconstruyó la Fiat y se impulsó la economía italiana. Las mulas de Missouri revitalizaron la agricultura griega. Casi tres cuartas partes de los puertos franceses, destruidos durante la guerra, se reconstruyeron en dos años. Al cabo de un año los ingresos en Europa superaban los niveles de antes de la guerra en un 20 por 100 y el racionamiento empezaba a desaparecer.

El impacto político también fue radical. A Francia se le explicó que no habría más ayuda a menos que solucionase el descontento obrero de inspiración comunista. La opinión pública, muy contraria a los sabotajes ferroviarios, se volvió contra el comunismo y las huelgas se acabaron. En Italia iban a celebrarse unas elecciones que podían dar el triunfo a los comunistas. Estados Unidos dejó bien claro que no habría más ayuda si eso ocurría. La CIA creó en secreto partidos anticomunistas e impulsó la propaganda contraria al comunismo. A los italianos que vivían en Estados Unidos se les animó a escribir a sus familias, pidiéndoles que no votasen a los comunistas. Todo esto dio un vuelco a las elecciones.

En realidad, el Plan Marshall contribuyó a establecer las líneas de batalla de la Guerra Fría en Europa. Los países europeos que aceptaron la ayuda se comprometieron claramente con el Occidente capitalista. En el este, los soviéticos respondieron con contundencia, calificando el Plan Marshall de trama imperialista con la que Estados Unidos aspiraba a dominar Europa. En septiembre de 1947 se creó el Kominform (Oficina de Información Comunista) en sustitución del Komintern. Por medio del Kominform la URSS pretendía imponer obediencia absoluta a sus países satélites para que no se desplazasen hacia el terreno del oeste; la URSS tenía su propia interpretación de la teoría del dominó. En 1949 nació el Comecon (Consejo de Ayuda Económica Mutua), versión soviética del Plan Marshall, aunque actuaba de forma más directa en beneficio de la Unión Soviética. Europa comenzó a distanciarse tanto económica como políticamente. En Alemania la recuperación impuso la reforma monetaria en el oeste y se excluyó de ella a la zona soviética. La división de Alemania era completa. Pero quedaba otra anomalía que se iba a convertir en uno de los potenciales puntos álgidos de la Guerra Fría: la continuación de la ocupación conjunta de Berlín.

- 31 -

Mapa 11. El bloqueo de Berlín

La ocupación conjunta de Berlín tenía sentido cuando los aliados pensaban cooperar en la administración de Alemania. En junio de 1948, a pesar de las enérgicas protestas soviéticas, las potencias ocupantes occidentales decidieron crear una Alemania Occidental separada, lo cual convirtió en anómala la presencia de las potencias occidentales en Berlín. Stalin quería que el bloque del oeste abandonase Berlín. Al igual que los países occidentales, también él pretendía crear un gobierno que ejerciese la soberanía sobre toda Alemania, cosa que sería mucho más convincente si controlaba toda la capital de la nación. Los votantes berlineses y los políticos del sector occidental no parecían dispuestos a dejarse intimidar para ceder a los comunistas el control del gobierno de la ciudad. Por otro lado, la presencia de los países occidentales les permitía a estos difundir propaganda y realizar labores de espionaje. Por último, la división de Berlín ofrecía a los alemanes del este una vía de huída hacia el oeste. Por tanto, eran de esperar los esfuerzos que se hiciesen para expulsar a los occidentales de Berlín. Truman había sugerido la forma al restringir los envíos de indemnizaciones a la zona soviética. En 1947 las comunicaciones del oeste con Berlín sufrieron graves irregularidades y el 24 de junio de 1948 se interrumpieron por completo.

La respuesta del oeste no estaba nada clara. Su presencia militar en Berlín carecía de valor y no se sostendría si la Unión Soviética estaba decidida a expulsarlos. Aferrarse a sus respectivos sectores de Berlín provocaría sufrimiento a los habitantes de la ciudad, cosa difícil de justificar y que podría arrojarlos en brazos de los comunistas. Una opción consistía en enviar convoyes armados con suministros por carretera. Seguramente Stalin no declararía la guerra por algo así, pero era una política arriesgada que los gobiernos occidentales preferían evitar. Además, el Ejército Rojo sólo tendría que destruir puentes delante y detrás de los convoyes para aislarlos sin disparar un tiro. En las capitales del oeste el asunto se veía con gran incertidumbre.

El gobernador militar estadounidense de la zona del oeste, el general Clay, decidió la respuesta. Sin esperar instrucciones, resolvió que los no combatientes americanos no abandonasen Berlín. Si lo hacían, sería un desastre político. Daría a entender a todos los alemanes, y no sólo a los berlineses, que Estados Unidos no tenía un verdadero compromiso con ellos, en cuyo caso podrían recurrir a los comunistas en busca de protección. El impacto se extendería por Europa y el comunismo triunfaría en todo el continente.

Los países occidentales contaban con una opción que les permitiría conservar sus sectores de Berlín sin grave riesgo de guerra. El transporte por tierra y mar estaba interrumpido, pero las rutas aéreas seguían abiertas. Inglaterra y Estados Unidos tenían unos cien aviones de transporte C-47 Dakota y podían conseguir más. Sin embargo, no había muchas posibilidades de transportar por vía aérea suministros suficientes para dos millones de personas. Clay consultó al alcalde de Berlín (a quien la URSS se negaba a reconocer), Ernst Reuter. Cuando Clay le preguntó si los berlineses aguantarían duras privaciones durante meses, Reuter aseguró que se mantendrían firmes. Y así, Clay decidió intentarlo.

El primer cargamento de alimentos se trasladó a Berlín en los C-47 veinticuatro horas después del comienzo del bloqueo. Pero reunir los aviones y organizar vuelos de tanto alcance llevaba tiempo. Había que contar además con el clima, y en invierno abundaban en Berlín las nieblas causantes de grandes problemas. Berlín occidental necesitaba cuatro mil toneladas de provisiones diarias sólo para sobrevivir. El sostenimiento de la economía exigía el doble de esa cifra. Al principio, Occidente proporcionaba unas trescientas toneladas diarias. Por tanto, en un primer momento los berlineses hubieron de soportar drásticos racionamientos. El derrumbamiento de la moral civil y el abandono de la ciudad por parte de los berlineses para buscar comida, habrían sido desastrosos para Occidente. Pero la moral civil demostró una extraordinaria resistencia. Los berlineses, que habían sobrevivido a los horrores del asedio soviético en 1945, estaban dispuestos a sufrir mucho más para evitar el regreso del gobierno soviético.

La Unión Soviética podía interrumpir el tráfico aéreo, hubiera bastado con unos cuantos globos de barrera estratégicamente situados. Pero ni siquiera lo intentó: al principio los soviéticos no creyeron que el sistema funcionase y, luego, la amenaza de la guerra era demasiado seria. En marzo de 1949 los aviones transportaban ocho mil toneladas diarias y el bloqueo se había roto. Funcionaba incluso un contrabloqueo para evitar que las mercancías de Berlín occidental se llevasen a la zona soviética. La URSS se estaba resintiendo más que los países occidentales, que no veían la necesidad de hacer concesiones y establecer un gobierno separado para Berlín occidental. En mayo de 1949, cuando Stalin levantó el bloqueo después de trescientos veintiocho días, Occidente celebró la primera victoria de la Guerra Fría.

Pero el bloqueo causó un profundo impacto en Occidente que determinó la Guerra Fría. En primer lugar, convenció a los políticos occidentales de que la URSS seguía teniendo enormes ambiciones con respecto al oeste. Stalin no se conformaba con devorar la mitad de Europa. Pero también dejó ver las posibilidades de triunfo de una postura firme contra la agresión. No se debía transigir con Stalin, como se había transigido con Hitler. Occidente tenía que unirse y mostrar decisión y voluntad de defender su territorio. En abril de 1949 se constituyó la OTAN, un paso que Moscú consideró muy amenazador. A ambos lados de la frontera que dividía el este y el oeste se apostaron numerosas fuerzas, y si estallaba un conflicto, sería a gran escala.

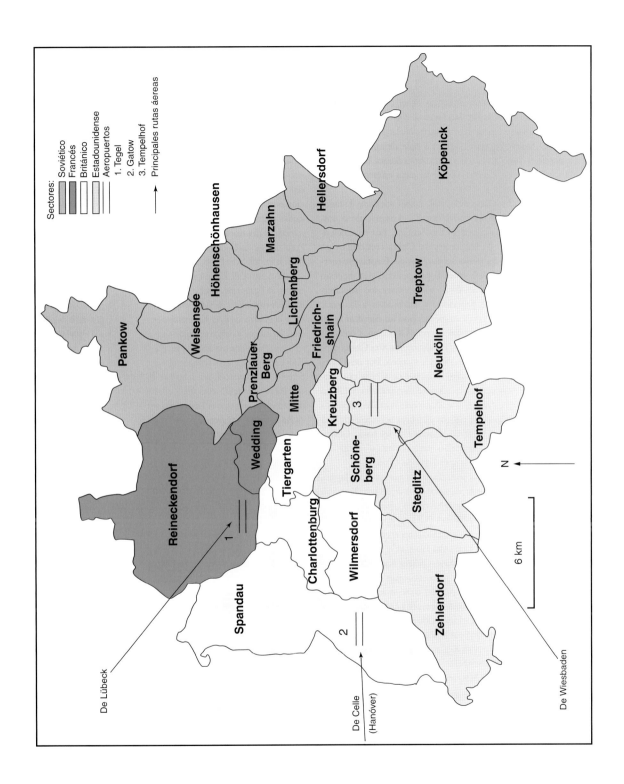

Sectores:
- Soviético
- Francés
- Británico
- Estadounidense
- Aeropuertos
  - 1. Tegel
  - 2. Gatow
  - 3. Tempelhof
- Principales rutas áereas

De Lübeck

De Celle (Hanóver)

De Wiesbaden

Reineckendorf

Pankow

Weisensee

Höhenschönhausen

Marzahn

Hellersdorf

Köpenick

Lichtenberg

Friedrich-shain

Prenzlauer Berg

Wedding

Mitte

Kreuzberg

Treptow

Neukölln

Tiergarten

Spandau

Charlottenburg

Wilmersdorf

Schöne-berg

Steglitz

Tempelhof

Zehlendorf

N

6 km

Mapa 12. La victoria comunista china

Cuando los japoneses atacaron Pearl Harbor, el Kuomintang se hallaba profundamente corrompido, debilitado y desacreditado. Por su parte, el Partido Comunista Chino (PCC) había conseguido apoyo a base de apelar al sentimiento nacional chino. Estas tendencias continuaron. En realidad, la política de Estados Unidos sólo sirvió para empeorar la crisis del Kuomintang.

Aunque el Kuomintang era débil, como socio de Estados Unidos ofrecía tentadoras posibilidades. En el mundo de la posguerra, Europa estaba arrasada y empobrecida. Los cuatrocientos cincuenta millones de habitantes de China constituían un enorme mercado al que no tenía acceso Europa. Captar ese mercado significaba la diferencia entre la prosperidad y la recesión en Estados Unidos. Asimismo, como socio estratégico (subalterno), China proporcionaba seguridad y estabilidad a la zona. Estados Unidos y China, conjuntamente, podían eliminar la influencia europea en la región convirtiendo las antiguas colonias en fideicomisos chino-americanos. Políticamente una China dirigida por el Kuomintang resultaba muy ventajosa. Por otro lado, la percepción que en Estados Unidos había de China era muy poco realista. La propaganda estadounidense pintaba a China como una democracia y una fuerte aliada que buscaba liderazgo en Estados Unidos. Cálculos políticos y errores populares de esta índole iban a definir la política de Estados Unidos hacia China. Amargas recriminaciones recaerían posteriormente sobre los considerados responsables de la «pérdida» de China.

Cuando Estados Unidos se hallaba en guerra con Japón, Chiang Kai-shek, seguro de la victoria, dejó de luchar. Permitió que los norteamericanos se encargasen de los japoneses y reunió fuerzas para destruir a sus aliados del PCC. El apoyo estadounidense, en forma de «préstamos», se utilizó para el enriquecimiento de Chiang Kai-shek y de su camarilla familiar, y no para continuar con la guerra. De vez en cuando, Chiang Kai-shek insinuaba que China no tardaría en caer para conseguir más dinero de los americanos. No se daba cuenta del daño que sus acciones causaban al Kuomintang. El partido siempre había sido corrupto y arbitrario, pero mientras luchase contra los japoneses, tenía cierta legitimidad. Sin embargo, la legitimidad se estaba perdiendo con la tregua extraoficial de Chiang Kai-shek. El ejército se encontraba en un estado lamentable. Las levas corruptas e incompetentes habían nutrido las filas del ejército con los más pobres y los más débiles. Sin paga y prácticamente sin adiestramiento, se trataba de un ejército de campesinos secuestrados y embrutecidos. Un tercio morían o desertaban antes de llegar al frente. Una vez allí, su única posibilidad de supervivencia era negociar con los japoneses y saquear al campesinado.

Simultáneamente, el PCC estaba creando el ejército guerrillero más grande del mundo, que además buscaba el apoyo popular con tenacidad. No habría sobrevivido sin dicho apoyo. El futuro se presentaba turbio para el Kuomintang. La alianza no tenía muchas posibilidades de sostenerse. Cuando Japón se rindió, Chiang Kai-shek ordenó al Ejército Rojo chino que mantuviese sus posiciones y no aceptase la rendición de las tropas japonesas. No le hicieron caso, y el PCC se apoderó de un gran arsenal de municiones japonesas. Los norteamericanos intentaron entonces promover negociaciones para hacer una nueva coalición entre los dos partidos. Stalin, que acababa de firmar un ventajoso tratado con Chiang, apoyó las negociaciones. Las fuerzas soviéticas del norte de China no miraban con simpatía al PCC. Pero ningún lado era sincero en las negociaciones, que se rompieron en julio de 1946, reanudándose la guerra civil.

El control de China dependía en gran parte del control del centro del país que, a su vez, dependía del control de una red de líneas ferroviarias de vital importancia estratégica. Durante casi toda la guerra civil, el Kuomintang controló dicha red. Tenía un ejército mayor y mejor equipado gracias a la ayuda estadounidense y también controlaba las principales ciudades. Pero Chiang Kai-shek despilfarró sus ventajas en una serie de catastróficos errores. El Ejército Rojo, rebautizado con el nombre de Ejército de Liberación del Pueblo (ELP), había hecho una gran labor política en el campo que el Kuomintang nunca logró borrar. Sus funcionarios se mostraban arrogantes y avariciosos; para los campesinos habían sido mejores gobernantes los japoneses.

La primera campaña de Chiang Kai-shek tuvo éxito. En 1946 sus ejércitos lanzaron una ofensiva general que se apoderó de ciento setenta y cuatro mil kilómetros cuadrados de territorio del PCC y tomó fuertes represalias contra los campesinos que se habían beneficiado de la reforma comunista de la tierra. La captura de Ya'nan, «capital» comunista, supuso un gran logro. Pero el ELP nunca midió la victoria en términos de territorio, que estaba dispuesto a sacrificar para conservar su fuerza. Los comunistas causaron víctimas en el Kuomintang, cuya superioridad numérica no dejaba de descender. Al capturar territorio, el Kuomintang se dispersó y la ofensiva se frenó. Por su parte, Chiang Kai-shek sí apreciaba el territorio y ordenó a sus tropas que conservasen la tierra y las ciudades cuando no podía enviar refuerzos. Los asesores norteamericanos le aconsejaron que abandonase una táctica tan gravosa, pero sin resultado.

El año decisivo fue 1947. El ELP cortó los principales nudos ferroviarios y rodeó y capturó grandes concentraciones de tropas, que muchas veces incorporó directamente a sus propias filas. A partir de entonces, el avance comunista empezó en serio. Mientras los ejércitos de Chiang Kai-shek desaparecían y el apoyo público se evaporaba, el avance del ELP se convirtió en una marcha victoriosa entre las aclamaciones populares. A Chiang Kai-shek no le quedó más remedio que recoger lo que pudo y huir a Taiwán, donde la Marina estadounidense lo protegió. El país más poblado del mundo se había vuelto comunista.

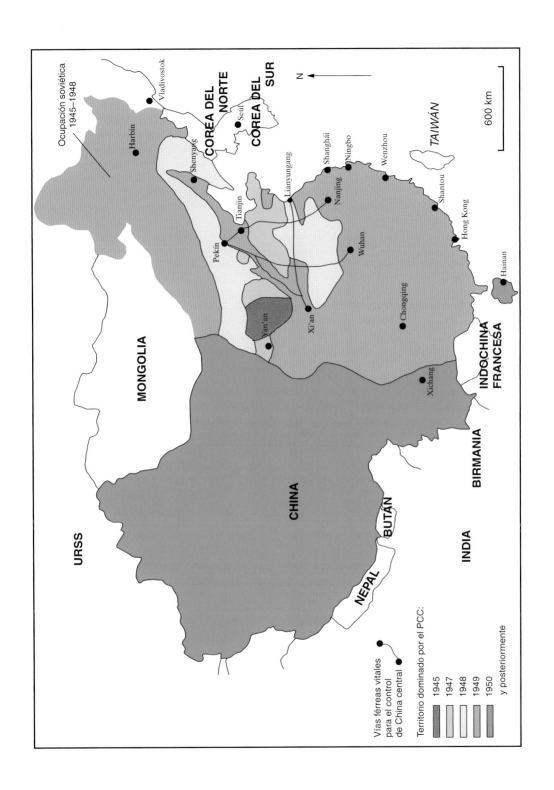

URSS

MONGOLIA

Ocupación soviética
1945–1948

Vladivostok

Harbin

COREA DEL
NORTE

Seúl

COREA DEL
SUR

TAIWÁN

N

600 km

Shenyang

Tianjin

Pekín

Lianyungang

Shanghái

Ningbo

Nanjing

Wenzhou

Shantou

Wuhan

Hong Kong

Hainan

Yan'an

Xi'an

Chongqing

Xichang

INDOCHINA
FRANCESA

CHINA

BIRMANIA

BUTÁN

INDIA

NEPAL

Vías férreas vitales
para el control
de China central

Territorio dominado por el PCC:

1945
1947
1948
1949
1950
y posteriormente

Mapa 13. La OTAN y el Pacto de Varsovia

La Doctrina Truman, con su empeño por contener el comunismo, tendría inmensas consecuencias en Europa. Estados Unidos nunca había contemplado un compromiso a largo plazo en Europa. Pero el comportamiento soviético en Europa del Este y el bloqueo de Berlín actuaron como pruebas convincentes de que la Europa del Oeste era objetivo primordial de la agresión de Stalin. En abril de 1949 se firmó en Washington el Tratado del Atlántico Norte que creaba la OTAN (Organización del Tratado del Atlántico Norte). El tratado incluía a la mayoría de los países de Europa occidental. Algunos Estados, como Suecia, prefirieron la neutralidad. Resultaba políticamente imposible invitar a la España de Franco, que no se unió hasta 1982. Grecia y Turquía se sumaron en 1952. La OTAN ha sido uno de los sistemas de alianzas multilaterales más duraderos de la historia.

Sin embargo, la alianza presentaba problemas. Estados Unidos no tenía la menor intención de defender las posesiones coloniales europeas, que se excluyeron del ámbito del tratado. Argelia, que para los franceses formaba parte de Francia, provocó una serie de complicaciones, pero alcanzó la independencia en 1962. En ese momento Francia, a la que no gustaba el dominio de la OTAN por parte de los ingleses y los estadounidenses, se desmarcó de la alianza. Fue el único miembro que lo hizo.

En Washington consideraban que la defensa de Europa occidental era un problema europeo. En principio, Estados Unidos no tenía intención de destinar tropas de tierra en Europa durante mucho tiempo. Sin embargo, el estallido de la Guerra de Corea se consideró un ataque de distracción para ocultar que Europa era el verdadero objetivo. A partir de entonces, se reforzaron los contingentes estadounidenses. Iba a ser una medida temporal, hasta que las fuerzas europeas fueran capaces de defender el continente en solitario. Pero la presencia norteamericana enseguida se vio como una prueba de solidaridad de la alianza y del compromiso de Estados Unidos, lo cual imposibilitó la retirada de los contingentes estadounidenses de Europa.

La contribución europea a la OTAN constituyó una fuente de continua irritación en Washington. Existía el error de que en Europa las fuerzas convencionales soviéticas eran tan superiores en número a las de la OTAN que resultaba inútil intentar equipararse a ellas. Parece poco probable que la URSS tuviese verdaderas ventajas desde los años cincuenta. Pero los europeos preferían la disuasión nuclear a la defensa convencional. Se trataba de una opción más barata, en el momento en que los elevados gastos militares y el servicio militar obligatorio eran muy impopulares en Europa. Cuando la URSS adquirió armas nucleares, quedó claro que la destrucción sería general. Los europeos no miraban con simpatía las propuestas estratégicas estadounidenses de limitar una guerra de gran alcance a Europa; existía el peligro que tal vez aceptasen Washington y Moscú.

Para los europeos la OTAN era una alianza no sólo militar, sino también política, que tenía como propósito evitar la dominación política soviética (o comunista) sobre Europa. Dejando a un lado breves periodos, como durante la Guerra de Corea, en 1950 y 1951, la mayoría de los gobiernos europeos nunca creyeron en serio que pudiera producirse una invasión soviética. La amenaza debía presentarse como algo muy real para superar la oposición política interior; la CDN (Campaña para el Desarme Nuclear) tenía mucha fuerza en Europa. Los comunistas se vieron como una gran amenaza, lo que socavó su posible atractivo. Pero la resistencia europea a invertir en fuerzas convencionales tuvo otras consecuencias. La Guerra de Corea y sus problemas coloniales habían reducido mucho las fuerzas convencionales europeas en 1950. La credibilidad de la OTAN exigía que la Alemania Occidental recién creada (República Federal) contribuyese a su propia defensa, un paso impensable unos años antes y al que se había opuesto la URSS. Se creó así el ejército de Alemania Occidental y, en mayo de 1955, Alemania Occidental se convirtió en miembro de pleno derecho de la OTAN.

Esto tuvo consecuencias. A la Unión Soviética le aterrorizaba que Alemania se remilitarizase; prefería una Alemania unida, pero desarmada y neutral. El oeste rechazó las propuestas soviéticas en ese sentido, lo cual requirió respuestas políticas. Hasta 1955 la Unión Soviética había firmado una serie de tratados de defensa bilateral con Estados de la Europa del Este. En ese momento se imponía un sistema de alianzas multilaterales encabezado por los soviéticos, que demostraría la unidad comunista y se equipararía al desafío de la OTAN. Y así, en mayo de 1955, se firmó el Pacto de Varsovia, que creaba la Organización del Pacto de Varsovia (OPV), de larga duración. Yugoslavia fue excluida por sus insolencias con Moscú. Albania se retiró en 1962 después de romper con Moscú. El resto se mantuvieron leales, si bien Rumanía apenas contribuyó. Sólo Polonia, Checoslovaquia y Alemania del Este (República Democrática) tenían población y tecnología suficientes para ser socios militares válidos de la URSS.

Los miembros de la OPV la consideraban una organización meramente defensiva. De hecho, su planteamiento era defensivo. Sin embargo, la URSS consideraba los ataques como la mejor defensa y la mejor forma de ganar una guerra. Eso sí, alejando los conflictos todo lo posible del territorio soviético. Las fuerzas de la OPV estaban preparadas para una ofensiva a gran escala en el oeste, que se haría en caso de guerra, pero no para iniciarla. El pacto se presentó al público como una defensa frente a un ataque sorpresa de la OTAN.

Al igual que hacía Estados Unidos en la OTAN, en la OPV las principales decisiones estratégicas, sobre todo las referentes a armas nucleares, dependían de la Unión Soviética. Ambas alianzas eran básicamente defensivas. Sirvieron para proporcionar cierta estabilidad a las relaciones este-oeste. Aunque también tenían riesgos. El recurso soviético a la ofensiva como forma de defensa, equiparable al recurso del oeste a la disuasión nuclear, convertirían cualquier confrontación grave en catástrofe.

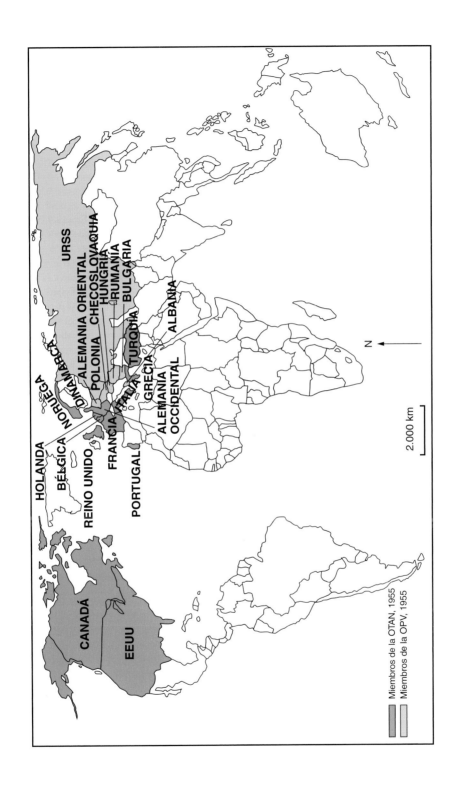

CANADÁ

EEUU

HOLANDA

BÉLGICA

NORUEGA

DINAMARCA

REINO UNIDO

FRANCIA

PORTUGAL

ALEMANIA
OCCIDENTAL

GRECIA

ITALIA

TURQUÍA

ALBANIA

ALEMANIA ORIENTAL

POLONIA

CHECOSLOVAQUIA

HUNGRÍA

RUMANÍA

BULGARIA

URSS

N

2.000 km

Miembros de la OTAN, 1955
Miembros de la OPV, 1955

Mapa 14. Otros pactos regionales de seguridad

Con la creación de la OTAN, y tras la victoria comunista en China y en la Guerra de Corea, Estados Unidos se movilizó para completar el anillo defensivo destinado a contener al comunismo. Pero los estadounidenses se iban a encontrar con numerosos problemas. Los pactos regionales de seguridad que firmaron eran mucho más débiles que la OTAN. El compromiso de los miembros de dichos pactos era limitado, y gran número de Estados se negaron a adherirse a ellos.

En el sudeste de Asia, Estados Unidos maniobró para extender el pacto ANZUS (un tratado tripartito de seguridad mutua) con Austria y Nueva Zelanda a los Estados que acababan de alcanzar la independencia. La posición de los franceses en Vietnam se debilitaba y fueron derrotados en Dien Bien Phu en mayo (véase mapa 29). Estados Unidos quería instaurar un acuerdo de seguridad regional que evitase otras posibles agresiones o subversiones comunistas. Pero enseguida surgieron dificultades. Por ejemplo, en la India Nehru no tenía intención de sustituir el recién terminado dominio británico por el dominio estadounidense. Nehru temía más a la amenaza del colonialismo que al comunismo. No sólo se negó a discutir los planes estadounidenses de un tratado regional, sino que animó a los países vecinos a hacer lo mismo. En la Conferencia de Ginebra, tras la derrota francesa, los términos de los acuerdos de la independencia de Indochina prohibieron a Laos, Camboya y Vietnam del Sur suscribir pactos semejantes.

Cuando se firmó el pacto en Manila en septiembre de 1954, sólo estaban representados tres estados asiáticos: Pakistán, Tailandia y Filipinas. El Tratado de Defensa Colectiva del Sudeste Asiático, que creó la SEATO (Organización del Tratado del Sudeste Asiático), iba a dibujar una organización mucho más limitada que la OTAN. Los miembros de la SEATO acordaron que un ataque contra uno, incluyendo las subversiones, era un ataque contra todos, que por tanto harían frente a la amenaza común. Indochina se incluyó en la zona del tratado para proteger la región.

Los miembros de la SEATO no estaban en disposición de destinar recursos significativos a la organización. El interés de Inglaterra y Francia en la zona declinó tan rápidamente como sus responsabilidades coloniales. En cuanto a los miembros asiáticos, consideraron la organización desde el punto de vista político. Para ellos se trataba de una herramienta útil con la que podían influir en las políticas de las grandes potencias y con la que obtener ayuda de los norteamericanos.

Ningún miembro estaba dispuesto a contribuir a la SEATO a menos que sus propios intereses se encontrasen en peligro. Pakistán se desentendió de la organización cuando no recibió ayuda en sus disputas con la India. Tailandia se mostró tan remisa como Inglaterra cuando Estados Unidos se empeñó en activar la SEATO para hacer frente a las guerrillas comunistas de Laos. Los deseos de Estados Unidos de ampliar las responsabilidades de la organización, sobre todo a las naciones en vanguardia de su estrategia de la Guerra Fría, se encontraron con una enérgica oposición. Nadie quería ofrecer garantías a un país que había sido enemigo, como Japón. Las garantías de Taiwán y Corea del Sur tropezaban aún con más obstáculos. Estos países corrían el peligro de un ataque chino. Evidentemente, pertenecer a la SEATO no valía la pena si existía el riesgo de entrar en guerra con China. Estados Unidos tuvo que firmar tratados estrictamente bilaterales con cada país.

La organización para la seguridad regional de Oriente Medio servía para poco más. Estados Unidos la patrocinó, pero no suscribió el Pacto de Bagdad entre Gran Bretaña, Irán, Iraq, Turquía y Pakistán en febrero de 1955. Tampoco en esta ocasión se consiguió llegar a un acuerdo que englobase a todos. En el Pacto de Bagdad resultaba llamativa la ausencia de los países árabes, a excepción de Iraq. En Egipto, Nasser aspiraba al liderazgo del mundo árabe y calificó el pacto de intento de restaurar el control imperialista sobre la región. La mayoría lo consideraron una trama de los norteamericanos para proteger a Israel.

Sin embargo, aún era peor lo que siguió. En julio de 1958 se produjo en Iraq una revolución que derribó al único gobierno árabe que apoyaba el pacto. El pacto se transformó en la CENTO (Organización del Tratado Central), que incluía a Turquía, Irán y Pakistán. Tampoco en esta ocasión participó Estados Unidos como miembro y sus compromisos fueron vagos. Los norteamericanos suscribieron una serie de tratados bilaterales, según los cuales tomarían las medidas oportunas de común acuerdo en caso de agresión comunista. Proporcionaron, no obstante, considerable ayuda, que fue uno de los principales beneficios de los miembros. La amenaza de una invasión soviética se consideraba mínima, y pocos creían que la CENTO pudiese detener a la Unión Soviética si decidía atacar. La posibilidad de subversiones comunistas internas no era un problema importante.

En resumen, Estados Unidos, a pesar de sus esfuerzos, nunca creó otra organización de seguridad regional comparable a la OTAN. Las fuerzas militares disponibles y el compromiso de sus socios eran de una limitación frustrante. Los países de Oriente Medio y del Sudeste Asiático tenían sólo una fracción de la potencia militar de Europa. Siempre serían dependientes de Estados Unidos, más que socios. Apreciaban las alianzas por los beneficios que les reportaban en términos de ayuda e influencia. Tenían sus propias preocupaciones y disputas políticas, ante las cuales la contención del comunismo era algo menor. El miedo a que Estados Unidos heredase los poderes de los antiguos gobiernos coloniales restó adeptos a las alianzas. El apoyo de Estados Unidos a Israel despertó sospechas entre los países árabes. La CENTO nunca gozó de gran credibilidad como alianza militar. Los miembros de la SEATO carecían de unidad y de compromiso. Nunca cristalizó el papel esencial que Estados Unidos les había adjudicado: servir de base para decididas acciones de coalición que impidiesen la propagación del comunismo en el Sudeste Asiático.

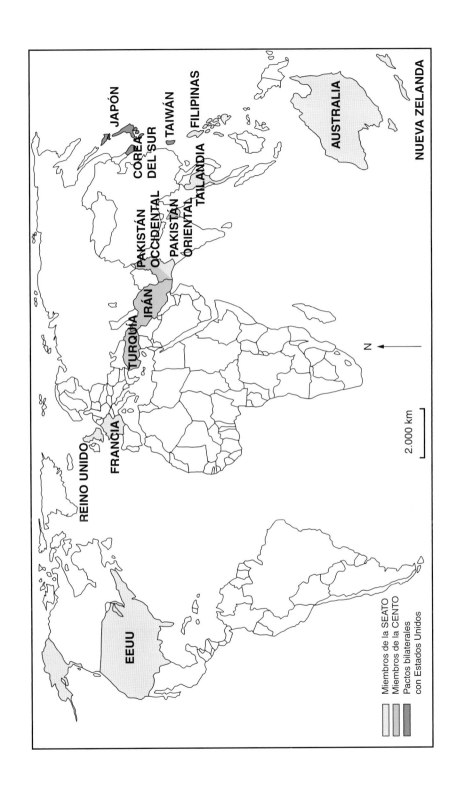

REINO UNIDO

FRANCIA

TURQUÍA

IRÁN

PAKISTÁN OCCIDENTAL

PAKISTÁN ORIENTAL

TAILANDIA

JAPÓN

COREA DEL SUR

TAIWÁN

FILIPINAS

AUSTRALIA

NUEVA ZELANDA

EEUU

N

2.000 km

Miembros de la SEATO
Miembros de la CENTO
Pactos bilaterales
con Estados Unidos

Mapa 15. La emergencia malaya

En junio de 1948 se proclamó el estado de emergencia en Malasia para responder a la actividad de la guerrilla comunista. Los problemas venían de tiempo atrás. Los británicos habían importado mano de obra china e india para trabajar en las minas de estaño y en las plantaciones de caucho. Estos trabajadores se convirtieron en mayoría de la población, cosa que disgustó profundamente a los malayos. Los chinos, que sufrían altas tasas de desempleo en los años treinta, fueron discriminados por los japoneses cuando conquistaron Malasia. De hecho, el Partido Comunista Malayo contaba con una abrumadora mayoría de chinos (95 por 100), decididos a luchar contra la restauración del poder imperial británico. El principal apoyo de los comunistas se hallaba en el campo. Unos seiscientos mil colonos ilegales chinos sobrevivían a duras penas en los límites de la selva. Su pobreza e inseguridad los convertía en terreno ideal de reclutamiento para la guerrilla. La estrategia era simple, pero podía ganar la guerra a base de paralizar la economía y atacar las plantaciones de caucho y las minas de estaño. Los británicos se marcharían cuando se cansasen de sufrir pérdidas.

Pero el hecho de que los guerrilleros fuesen chinos determinó la respuesta británica. Dentro de China los comunistas se encontraban en alza, con el régimen del Kuomintang al borde del abismo (véase mapa 12). ¿Adónde llegarían sus ambiciones en Asia? Por otro lado, los comunistas que inspiraban la guerrilla desafiaban al gobierno colonial de toda la región (véase, por ejemplo, mapa 29). En Londres se vio esto como parte de una estrategia comunista claramente orquestada y tendente a la conquista de toda Asia.

La guerra de guerrillas en la jungla supuso un verdadero desafío para el ejército británico, que enseguida comprendió que su potencia aérea no tenía nada que hacer. Resultaba inútil recurrir a las bombas, al napalm y a los defoliantes. Sólo se podía hostigar a la guerrilla. Pero las operaciones sobre el terreno exigían gran número de tropas. Además, cada civil muerto a causa de un disparo perdido aumentaría el número de enemigos. El empleo de armas de fuego tampoco era la solución. Había que derrotar a la guerrilla políticamente.

Los británicos desarrollaron una estrategia de contrainsurgencia que resultó muy eficaz. De hecho, la de Malasia fue la única guerra de guerrillas en la que la guerrilla sufrió una derrota terminante. En primer lugar, se introdujo un proceso de reforma política para responder a las exigencias de los nacionalistas. Esto condujo en 1957 a la independencia de Malasia con un gobierno prooccidental. Los británicos se dieron cuenta de que era esencial cumplir la ley. Por tanto, se elaboraron drásticas leyes de emergencia que permitían a las fuerzas de seguridad actuar con decisión, pero que al mismo tiempo imponían a dichas fuerzas el acatamiento de la ley. El trabajo de la policía se consideró crucial. Un buen sistema de espionaje era más importante que matar guerrilleros. Se ofreció la rendición en términos generosos y se prometieron recompensas monetarias a quienes abandonasen las armas o proporcionasen información. Asimismo, los guerrilleros podían rendirse y solicitar la deportación a China sin afrontar consecuencias.

Sin embargo, el elemento esencial de la estrategia de contrainsurgencia británica fue su intención de ganarse a la población civil. Conquistar «corazones y mentes» y privar a los guerrilleros del apoyo popular fue un pilar fundamental de la estrategia británica. El sector de la población en el que los británicos estaban más interesados eran los seiscientos mil colonos ilegales que apoyaban a los guerrilleros. Los británicos adoptaron una táctica nueva y ambiciosa para conquistarlos: el reasentamiento de todos los colonos.

El paso de separar a los guerrilleros de sus partidarios era básico. Dejaría a la guerrilla sin suministros, hombres e información. Pero los británicos no querían imponer a los colonos un régimen de internamiento. Para ganárselos, debían mejorar las condiciones materiales de su existencia, yendo más allá de lo que los guerrilleros podían prometer. Los británicos proporcionaron alojamientos en pueblos nuevos. Una vez alojados, los colonos consiguieron un nivel de seguridad en la propiedad de la tierra desconocido para ellos. Asimismo, se ampliaron los derechos civiles. En términos materiales, disfrutaban de lujos como la electricidad y el agua potable. Cuando los medios lo permitieron, se contrataron maestros y enfermeras. Asistentes sociales, casi siempre voluntarios australianos o neozelandeses, protegían los intereses de los colonos. A los nuevos pobladores se les concedió cierto grado de autogobierno y, sobre todo, la protección de las fuerzas de seguridad, que les permitió ejercer dicho autogobierno sin miedo a las represalias de la guerrilla. Posteriormente, asumirían la responsabilidad de su propia protección.

Con tácticas semejantes se fue reduciendo la zona de operaciones de la guerrilla. Una banda de territorio sin guerrilla se extendió por Malasia, aislando totalmente el sur. A mediados de los años cincuenta la guerrilla perdía claramente, aunque nunca fue destruida del todo. Un refugio seguro en Tailandia sostuvo la actividad de la guerrilla en el norte, pero ya no constituía una grave amenaza. En julio de 1960 concluyó el estado de emergencia.

El éxito británico se debió a varios factores. Por un lado, los guerrilleros eran chinos y no tenían apoyo malayo. Pero sobre todo, se reconocía que no se podía triunfar sólo por la fuerza de las armas. Los británicos disputaron una batalla política muy cara, que exigió grandes dosis de paciencia para obtener resultados. También exigió la creación de un estado malayo representativo que respondiese a las necesidades populares. Se podía vencer a la guerrilla comunista, pero no iba a ser una victoria rápida y, desde luego, tampoco sería una victoria exclusivamente militar.

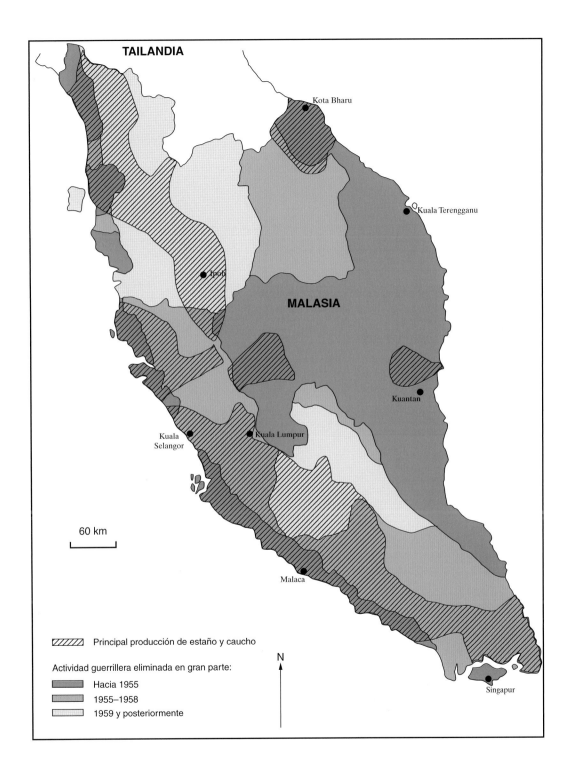

TAILANDIA

Kota Bharu

Kuala Terengganu

Ipoh

MALASIA

Kuantan

Kuala
Selangor

Kuala Lumpur

60 km

Malaca

Singapur

Principal producción de estaño y caucho

Actividad guerrillera eliminada en gran parte:

Hacia 1955

1955–1958

1959 y posteriormente

N

EL APOGEO DE LA GUERRA FRÍA

Mapa 16. Corea: división y guerra

Durante la guerra contra Japón, el futuro de la posesión de Corea por parte de Japón apenas se trató. Stalin quería un gobierno dócil en esa frontera, como en las demás. Pero estaba dispuesto a aceptar el deseo de Roosevelt de una ocupación conjunta de la península. Roosevelt no quería que el Ejército Rojo se situase demasiado cerca de Japón. Por tanto, dividieron la península en zonas de ocupación a lo largo del paralelo treinta y ocho. Roosevelt (anticolonialista decidido) consideraba Corea una simple colonia a la que se debía otorgar la independencia, pero tras una supervisión de muchos años. Pensaba, además, que dicha supervisión debía encargarse a un fideicomiso conjunto soviético-estadounidense. Se equivocó en ambas cosas.

El pueblo coreano deseaba la independencia inmediatamente y no tenía intención de esperar a que los extranjeros opinasen sobre su aptitud para la misma. En 1945 un gran espíritu revolucionario se extendió por Corea. Surgió un movimiento radical de izquierda empeñado en castigar a los colaboradores y en señalar urgentes problemas económicos y sociales. En resumen, los coreanos no aceptaban los planes estadounidenses para su futuro.

Asimismo, pronto se vio que tampoco habría cooperación soviética. Los sucesos de Corea reflejaban los de Europa en muchos aspectos. En Yalta, a Stalin se le habían prometido gobiernos amistosos en sus fronteras e iba a tener uno en Corea. A pesar de una clara política de Naciones Unidas en defensa de una Corea unida, las zonas de ocupación se distanciaron enseguida y, al igual que en Alemania, surgieron Estados separados. En el norte, por efecto del espíritu revolucionario, resultó fácil crear un Estado de orientación comunista. El líder comunista Kim I Sung encabezó un gobierno estable y que gozaba de gran acogida popular.

En el sur, los norteamericanos tuvieron más problemas, pues no consiguieron entenderse con el movimiento radical. El comandante militar estadounidense, general Hodge, no era político; para él se trataba de un destino lleno de influencia comunista. Decidió, por tanto, que los intentos de imponer un fideicomiso sólo servirían para alentar el comunismo y buscó un movimiento de derechas que actuase de contrapeso. Por desgracia, la mayoría de los conservadores habían colaborado con los japoneses y se habían beneficiado de los problemas sociales de Corea, lo cual les había ganado el odio general. Syngman Rhee sacó a Hodge del aprieto. Rhee había sido el líder de un autoproclamado «gobierno en el exilio», de signo conservador, y se propuso como líder proamericano y democrático, capaz de impedir los avances comunistas.

Hodge, con la aprobación de Washington, permitió a Rhee valerse de un sistema electoral amañado con el que ganó las elecciones de la asamblea provisional. Tras este paso, Rhee orquestó grandes manifestaciones que exigían el fin del gobierno militar norteamericano. Por último, estableció un régimen corrupto, brutal y despótico, totalmente carente de apoyo popular.

A mediados de 1949 los rusos y los norteamericanos se habían retirado de Corea. Los estadounidenses no ofrecieron garantías a Corea del Sur. En enero de 1950, el secretario de Estado Dean Acheson describió públicamente el perímetro defensivo de Estados Unidos, en el que incluía a Japón y Filipinas, vitales para la dominación estratégica de Estados Unidos en el Pacífico, pero no a Corea del Sur, que no se consideraba vital. Sin embargo, el régimen de Rhee era creación estadounidense y sería humillante presenciar su destrucción. En esa época Truman afrontaba muchos problemas: la URSS hizo detonar su primera bomba atómica en agosto de 1949, y el Partido Comunista Chino se alzó con la victoria en septiembre. Imperaba la idea de que Estados Unidos no podía hacer frente al desafío comunista y de que se mostraba débil. En abril de 1950, un crucial documento político, el NSC-68, reclamó la expansión de la potencia militar estadounidense. Se pensaba que el próximo desafío comunista recurriría a la fuerza.

Los sucesos del 25 de junio de 1950 siguen sin estar claros. Puede ser que Rhee lanzase otra incursión más en la frontera. Al parecer, se produjeron ataques cerca de Haeju y de Chwiyari. Pero incluso en ese caso, sólo fueron un pretexto para la ofensiva que Corea del Norte llevaba planeando desde hacía tiempo. Los tanques de Kim cruzaron la frontera y el ejército de Rhee se desmoronó. Pero la estrategia estadounidense había reexaminado la situación de Corea desde enero. El NSC-68 impuso en Washington la idea de que Estados Unidos se hallaba en peligro y que era necesaria una gran ampliación del gasto militar. Si se permitía al comunismo extender su ámbito territorial, no podría formarse ninguna coalición capaz de enfrentarse a él con fuerza. Igualmente, daba la impresión de que el comunismo estaba pasando de la subversión a la invasión directa, un desafío que debía refrenarse. Truman, que bajo ningún concepto quería otra victoria comunista, ordenó que se desplegasen fuerzas estadounidenses en Corea del Sur.

Pero Truman aún podía ir más allá. La URSS, furiosa porque a la China comunista no se le reconoció la representación de China en el Consejo de Seguridad de Naciones Unidas, boicoteó dicho organismo y no acudió a vetar una resolución de Estados Unidos que pedía a los países miembros que aportasen fuerzas para proteger de la agresión a Corea del Sur. A los aliados europeos de Estados Unidos les traía sin cuidado Corea, pero una agresión allí, si no se contenía, podía conducir a una agresión en Europa. También consideraron el posible perjuicio que sufriría la OTAN si se ignoraban las necesidades de Estados Unidos. Gran Bretaña, Francia y otros trece países, con diferente grado de entusiasmo, enviaron fuerzas, y otras cinco naciones mandaron unidades médicas. Una coalición encabezada por Estados Unidos, que sólo nominalmente actuaba en nombre de Naciones Unidas, iba a luchar en la primera batalla declarada de la Guerra Fría.

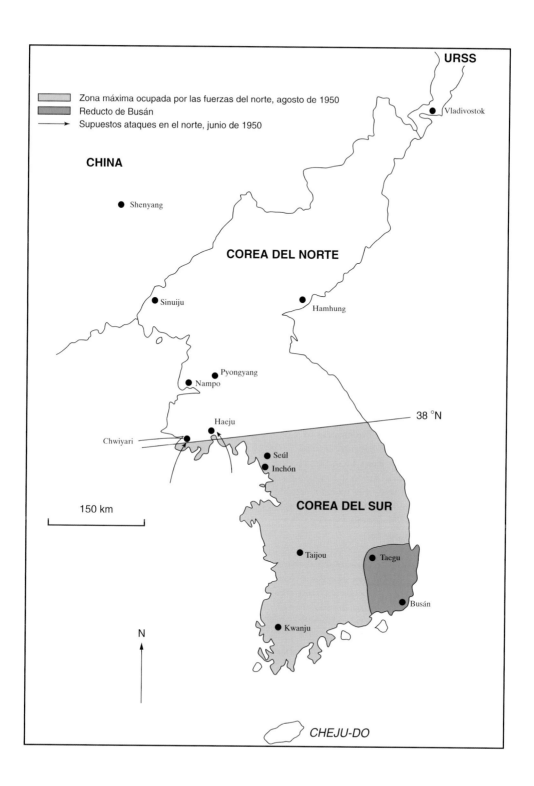

Zona máxima ocupada por las fuerzas del norte, agosto de 1950
Reducto de Busán
Supuestos ataques en el norte, junio de 1950

URSS

Vladivostok

CHINA

Shenyang

COREA DEL NORTE

Sinuiju

Hamhung

Pyongyang
Nampo

Haeju

Chwiyari

38 °N

Seúl
Inchón

COREA DEL SUR

150 km

Taijou

Taegu

Busán

N

Kwanju

CHEJU-DO

Mapa 17. Corea: intervención de Naciones Unidas

La guerra de Corea produjo un efecto inmediato en la política estadounidense de la Guerra Fría. Temiendo que Corea del Norte lanzase un ataque de distracción por orden de Moscú, la Séptima Flota estadounidense se movilizó para evitar la invasión de Taiwán. Este gesto suponía un mayor compromiso con el régimen de Chiang Kai-shek que causaría problemas en el futuro (véase mapa 20).

Cuando el Consejo de Seguridad de Naciones Unidas votó a favor de la intervención en la guerra de Corea, Corea del Norte se mostró indiferente. Los tanques norcoreanos barrieron todo lo que encontraron a su paso. Casi todo el ejército surcoreano fue destruido. Lo que quedaba, junto con las guarniciones que los norteamericanos se apresuraron a enviar desde Japón, luchaba desesperadamente para conservar el reducto de Busán. Pero llegaron refuerzos y la situación de Busán se estabilizó. Naciones Unidas iba a emprender la ofensiva muy pronto.

Sin embargo, una ofensiva conllevaba una dura y fea batalla para empujar a los norcoreanos al otro lado del paralelo treinta y ocho. Habría numerosas víctimas. El apoyo público norteamericano y aliado a la guerra se extinguiría enseguida. El comandante estadounidense de las fuerzas de Estados Unidos, general MacArthur, trazó un plan para obtener una victoria rápida y decisiva. Decidió que un desembarco naval en Inchón, detrás de las líneas norcoreanas, era la clave para flanquear, aislar y destruir a las fuerzas de Corea del Norte con menos víctimas.

La operación resultó un rotundo éxito. La sorpresa paralizó a los norcoreanos. A las fuerzas del sur no se les advirtió del peligro hasta que era demasiado tarde y le tocó a Corea del Norte encarar la catástrofe. Cuando las tropas que avanzaban desde Inchón y Busán convergieron en Seúl, Corea del Norte se encontró con un problema muy grave.

Tal vez la victoria fue demasiado contundente. La derrota de las fuerzas norcoreanas ofrecía tentadoras posibilidades. El mandato de Naciones Unidas sólo era para proteger a Corea del Sur de una agresión. El agresor había sido expulsado. Pero, ¿por qué no aprovechar la oportunidad para destruir el estado comunista y unificar Corea? Ésa sí sería una verdadera victoria sobre el comunismo.

MacArthur no pudo resistir la tentación de seguir presionando. Truman había ordenado a MacArthur no cruzar el paralelo treinta y ocho a menos que estuviese completamente seguro de que no había peligro de intervención de los vecinos de Corea del Norte, la URSS y la RPC (República Popular China). Quizá MacArthur, basándose en su reciente éxito, pecó de un comprensible exceso de confianza en su propio criterio y aseguró a Truman que no existía riesgo de intervención china. Pero la RPC acababa de nacer. Mao Zedong no podía aceptar que un ejército hostil llegase hasta sus fronteras. La perspectiva de que China fuese invadida a continuación era demasiado amenazante. La RPC hizo una serie de advertencias que, por desgracia, fueron ignoradas. Grandes contingentes militares chinos se instalaron entonces en Corea del Norte.

El 24 de noviembre de 1950, MacArthur lanzó lo que pretendía ser la ofensiva final de la guerra. Sus tropas se metieron directamente en una gran emboscada china y a los pocos días huyeron hacia el sur. Cuando su estrategia se desmoronó, MacArthur exigió la extensión de la guerra: había que bloquear y bombardear China, y pidió armas nucleares para salvar a sus fuerzas de la destrucción. Semejante retórica incomodó a Truman y horrorizó a los aliados de Estados Unidos. Cuando se rechazaron las peticiones de MacArthur, el general no dudó en criticar abiertamente a Truman, lo cual le valió la destitución.

A pesar del alarmismo de MacArthur, su sucesor, el general Ridgeway, logró detener la precipitada retirada de Naciones Unidas. La organización provocó gran número de víctimas entre los chinos utilizando la artillería y la fuerza aérea. Naciones Unidas hizo retroceder a los chinos hasta una línea defendible al norte del paralelo treinta y ocho y allí se detuvo. La RPC había dejado claro que la invasión de Corea del Norte era irrealizable. Más esfuerzos en el mismo sentido sólo servirían para provocar la intervención soviética. Las hostilidades debían solventarse a través de la negociación, no por medio de la victoria. Sin embargo, Estados Unidos no estaba dispuesto a hacer las concesiones que la RPC podía exigir a cambio de la paz, entre las cuales estaban que Estados Unidos abandonase al Kuomintang de Taiwán y que la RPC ocupase el asiento de China en el Consejo de Seguridad de Naciones Unidas. La política de Naciones Unidas prefería un alto el fuego sin concesiones sustanciales a un tratado de paz.

Las negociaciones se iban a complicar en Panmunjom, un lugar situado entre las líneas. Allí continuó la lucha mientras cada una de las partes procuraba obtener ventajas. El principal escollo fueron los prisioneros. Muchos norcoreanos y chinos no querían la repatriación y Naciones Unidas no deseaba repatriarlos a la fuerza. Las negociaciones se estancaron durante dos años hasta que la elección de Eisenhower, que amenazó con utilizar armas nucleares, y un nuevo liderazgo en Moscú, empeñado en reducir las tensiones, presionaron a la RPC para que hiciese concesiones.

A pesar del alto coste de la guerra, la RPC tenía motivos de alegría. Occidente la había tratado como a una gran potencia. Sus fuerzas se habían enfrentado con Occidente hasta llegar a un punto muerto. Por tanto, iba a jugar un papel protagonista en la Guerra Fría. Corea enseñó a Estados Unidos lo poco práctica que era la idea de derribar a un régimen comunista por la fuerza, al menos a uno que tuviese frontera con la RPC o con la URSS. Estados Unidos se libró de hacer incómodas concesiones políticas gracias al generoso empleo de las armas, lo cual condujo al apoyo de regímenes corruptos y muy impopulares acosados por el comunismo. Eran preferibles las soluciones militares a las políticas. La idea se iba a ensayar en Vietnam.

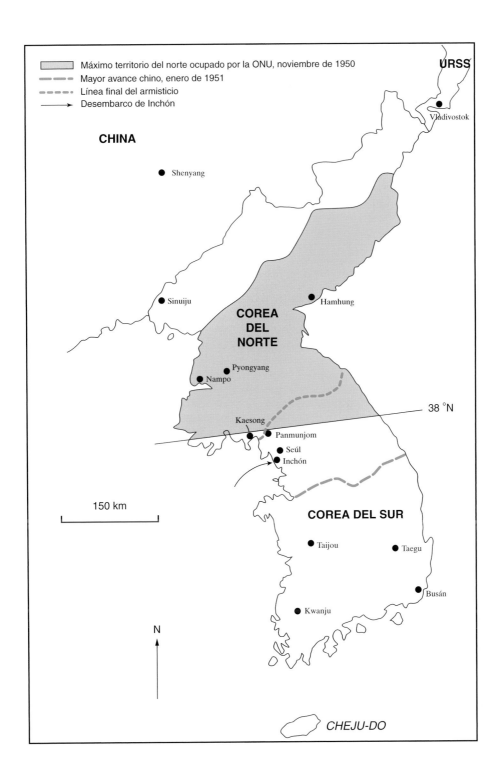

Máximo territorio del norte ocupado por la ONU, noviembre de 1950

Mayor avance chino, enero de 1951

Línea final del armisticio

Desembarco de Inchón

URSS

● Vladivostok

CHINA

● Shenyang

● Sinuiju

● Hamhung

COREA
DEL
NORTE

● Pyongyang
● Nampo

Kaesong
● Panmunjom

38 °N

● Seúl
● Inchón

150 km

COREA DEL SUR

● Taijou

● Taegu

● Busán

● Kwanju

N

CHEJU-DO

Mapa 18. Budapest, 1956

Europa del Este sufría una considerable tensión a principios de los años cincuenta. Los comunistas habían perdido el prestigio de que disfrutaban por su vinculación a la derrota de Hitler. Stalin, al imponer regímenes comunistas, había convertido a los comunistas en servidores de la dominación extranjera. Dichos regímenes nunca tendrían la legitimidad del estado soviético. Más dañinos eran los programas económicos estalinistas que se implantaron en los países satélites. Sin considerar las consecuencias se dictaron planes quinquenales que exigían el rápido desarrollo de la industria pesada y la colectivización de la agricultura. Los costes sociales y económicos fueron desastrosos.

A partir de 1953 los líderes soviéticos ordenaron reformas, pero sólo en el liderazgo de los partidos comunistas. Pretendían purgar a los estalinistas de línea dura. Al líder del partido húngaro, Mátyás Rákosi, se le obligó a nombrar primer ministro a Imre Nagy, responsable de la reforma de la tierra realizada desde 1945 y caído en desgracia cuando se opuso a la colectivización de la agricultura. En realidad, Nagy era comunista convencido desde hacía muchos años, pero estaba dispuesto a mostrarse más moderado, flexible y reformista que sus correligionarios. Además, era jovial y simpático y disfrutaba de una exagerada reputación de heroísmo.

Nagy introdujo cierto liberalismo, mayor vitalidad económica y concedió la libertad a varios prisioneros políticos. Pero nada más; la odiada AVH, la policía secreta, no se reformó. En enero de 1955 Rákosi se vio con fuerza suficiente para prescindir de Nagy, aunque no revocó totalmente sus reformas. Pero esto no salvó a Rákosi, pronto sustituido por Erno Gero. Sin embargo, cada vez se exigían más reformas y los reformistas contaban con el gran empuje de la crítica de Jruschov contra Stalin en febrero de 1956.

El gobierno de Gero hizo caso omiso a la crisis, que se desarrolló rápidamente. El 23 de octubre no tomó medidas contra una anunciada manifestación estudiantil hasta que fue demasiado tarde. Tras pasar ante la estatua de Bem (un poderoso símbolo nacionalista), los estudiantes se dirigieron al parlamento. Sus exigencias se convirtieron en un claro desafío al gobierno. Reclamaron elecciones pluripartidistas, la puesta en libertad de los prisioneros políticos, la retirada de la estatua de Stalin del parque de la ciudad y que las tropas soviéticas abandonasen Hungría. No se sabe qué concesiones podrían haber obtenido porque esa misma noche una multitud invadió una emisora de radio, hubo disparos y se inició una rebelión.

El gobierno perdió el control sobre Budapest, y la revuelta se extendió a las provincias. Nagy regresó al gobierno apresuradamente, pero la situación era demasiado caótica y él demasiado dubitativo para poner fin a la agitación. Se invitó a las tropas soviéticas a que interviniesen, tal vez con la aquiescencia de Nagy. Y entonces el Ejército Rojo cometió un tremendo error. Creyendo que una demostración de fuerza intimidaría a los rebeldes, se enviaron a Budapest tanques sin apoyo de infantería.

Los tanques, incapaces de entrar en los estrechos callejones y sin infantería, tuvieron que pasar de largo mientras rebeldes decididos utilizaban armas antitanque y les lanzaban cócteles molotov. Los rebeldes lucharon desde el pasaje Corvin, con el cine al fondo, y ganaron la gloria por su feroz resistencia junto al cuartel Kilián. Tras cuatro días y varios tanques perdidos, las tropas soviéticas se alegraron de que les ordenasen abandonar Budapest. Nagy formó nuevo gobierno el 27 de octubre y abrió negociaciones con los representantes soviéticos.

En el liderazgo soviético no había unanimidad acerca de la forma de responder a los acontecimientos. Tal vez influyese el ataque anglo-francés a Egipto en el canal de Suez y la expectativa de una guerra general. Fuese cual fuese el motivo, días después la URSS declaró que no estaba dispuesta a tolerar un régimen no fiable en Budapest. De nuevo se hicieron preparativos para intervenir, y en esa ocasión se hicieron bien. Tropas y tanques cruzaron la frontera.

Nagy se encontraba en una posición insostenible, pues se le había identificado con la causa rebelde que no tenía visos de triunfar. La única posibilidad de supervivencia de su gobierno era una intervención exterior. Eisenhower hablaba de «hacer retroceder» el comunismo desde su campaña presidencial de 1952, lo cual se interpretó como una promesa de ayuda americana para un estado que aspiraba a librarse de la dominación soviética. Cuando las fuerzas soviéticas rodearon Budapest, Nagy hizo un dramático llamamiento en un programa radiofónico el 1 de noviembre. Tras anunciar que Hungría se retiraba del Pacto de Varsovia y proclamar su neutralidad, pidió al mundo ayuda para garantizar dicha neutralidad.

Washington no se dejó impresionar. Eisenhower había utilizado la retórica del «retroceso», pero no tenía intención de ir a la guerra para ponerla en práctica. En medio de las aterradoras amenazas de guerra nuclear hechas por la URSS al hilo de la crisis de Suez, no cabía duda de que una intervención estadounidense conduciría a la guerra. Mientras las tropas soviéticas se situaban a las afueras de Budapest, Eisenhower recurrió a la fuerza económica norteamericana para apoyar a Inglaterra y Francia en Suez, lo cual le permitió ignorar las peticiones cada vez más insistentes de Hungría.

El 4 de noviembre el Ejército Rojo invadió Budapest con tal despliegue que la heroica resistencia del centro de la ciudad fue rápidamente sofocada. En distritos periféricos, como Csepel y Újpest, hubo considerable derramamiento de sangre, pero la lucha finalizó a los pocos días y tras ella se produjo una cruel represión. El mensaje estaba claro: al margen de lo que dijese Occidente, Europa del Este se consideraba parte de la esfera soviética.

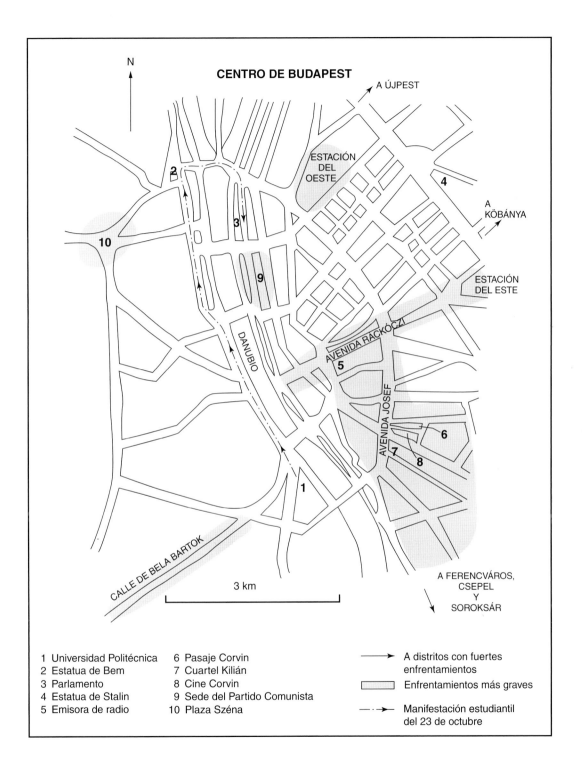

CENTRO DE BUDAPEST

N

A ÚJPEST

ESTACIÓN DEL OESTE

2

3

4

A KÖBÁNYA

10

9

ESTACIÓN DEL ESTE

DANUBIO

AVENIDA RACKÓCZI

5

AVENIDA JOSEF

6

7
8

1

CALLE DE BELA BARTOK

3 km

A FERENCVÁROS, CSEPEL Y SOROKSÁR

1 Universidad Politécnica
2 Estatua de Bem
3 Parlamento
4 Estatua de Stalin
5 Emisora de radio

6 Pasaje Corvin
7 Cuartel Kilián
8 Cine Corvin
9 Sede del Partido Comunista
10 Plaza Széna

→ A distritos con fuertes enfrentamientos

☐ Enfrentamientos más graves

–·–→ Manifestación estudiantil del 23 de octubre

Mapa 19. Eisenhower y América Latina

Desde la Doctrina Monroe de 1823, que advertía a las potencias europeas que no interviniesen en el hemisferio occidental, Estados Unidos había considerado Latinoamérica su área de influencia. Estados Unidos no sólo tenía el derecho, sino también el deber de proteger sus intereses en todo el continente americano. Sin embargo, en los años cincuenta, entre la agonía del colonialismo europeo y el surgimiento de nuevas naciones, iba a nacer un nuevo nacionalismo radical en el mundo subdesarrollado que añadiría otra dimensión a la Guerra Fría.

En su calidad de presidente en tiempos de la Guerra Fría, Eisenhower logró varias cosas: terminó con la Guerra de Corea y no inició nuevas guerras. Recortó el gasto militar e intentó suavizar las relaciones este-oeste. Pero nunca entendió ese nuevo nacionalismo radical. Los Estados recién nacidos eran casi siempre débiles y pobres. Eisenhower creía que el radicalismo de sus gobiernos los hacía vulnerables a la penetración comunista. En realidad, cuando quisieron nacionalizar sus recursos, Eisenhower los etiquetó de regímenes comunistas y ordenó a la CIA que los derribase.

Por desgracia, al aplicar esta táctica en América del Sur, Eisenhower crispó unas relaciones ya de por sí tensas. La larga enemistad de América del Sur hacia Estados Unidos se ennegreció con el empeoramiento de los problemas sociales. La idea general era que Estados Unidos poseía demasiados activos en la zona. Tarifas injustas, subvenciones y precios artificialmente devaluados impedían a los sudamericanos beneficiarse de los ricos recursos de sus países. La aparente indiferencia de Eisenhower ante dichos agravios y su empleo de la fuerza para mantener el *statu quo* iban a provocar una explosión de sentimiento antiestadounidense.

En Guatemala, el radical Jacobo Arbenz Guzmán fue elegido libremente en 1950. Había contado con cierto apoyo del minúsculo Partido Comunista, pero los comunistas fueron excluidos de los puestos gubernamentales y de la fuerzas de seguridad. Arbenz debía solventar los agobiantes problemas económicos y sociales de Guatemala, lo cual lo enfrentó con la United Fruit Company, de propiedad americana. La United Fruit poseía doscientas veinticinco mil hectáreas de plantaciones de plátanos en las que se basaba la economía guatemalteca.

La necesidad más urgente de Guatemala era la reforma de la tierra. Arbenz expropió ciento sesenta mil hectáreas a la United Fuit a cambio de una reducida indemnización. Para Eisenhower la nacionalización de las propiedades estadounidenses era siempre cosa de los comunistas. El secretario de Estado Dulles afirmó que Arbenz formaba parte de una trama comunista internacional que pretendía infiltrarse en el hemisferio occidental y socavar a Estados Unidos. Tal amenaza no podía ser ignorada, según Dulles.

Eisenhower, convencido de que Arbenz era comunista, ordenó a la CIA que se librase de él. En junio de 1954 la CIA organizó la invasión de Guatemala desde Honduras y Nicaragua por parte de un minúsculo reducto de exiliados dirigidos por Castillo Armas. La propaganda presentó a los exiliados como una fuerza invencible. Arbenz huyó, y se instauró una junta militar. Varios cientos de militantes de izquierdas fueron asesinados y se expulsó a quinientos mil «colonos ilegales» que se habían beneficiado de la reforma de la tierra. Como operación militar constituyó un éxito sin precedentes.

A largo plazo, acabaría siendo una victoria muy cara. Se consideró que Estados Unidos había violado la democracia, el derecho internacional y los derechos humanos con un gesto implacable para conservar su hegemonía económica en el hemisferio. América del Sur debía seguir siendo económicamente dependiente, pues se aplastaría cualquier intento de mejora. El daño sufrido por el prestigio de Estados Unidos se vio cuando el vicepresidente Nixon viajó a América del Sur en mayo de 1958. En Montevideo se interrumpieron sus discursos, en Lima hubo de enfrentarse a motines, y en Caracas una multitud enfurecida rodeó su coche, amenazando con lincharlo.

Los acontecimientos sorprendieron a Eisenhower. Estaba convencido de que los inspiraban los comunistas y de que no representaban los verdaderos sentimientos populares, pero comprendía que los comunistas estaban adquiriendo un peligroso poder en Latinoamérica. Y por tanto, hizo ciertas concesiones en cuestiones comerciales y de ayuda. Teniendo en cuenta los gigantescos problemas sociales a los que se enfrentaba Latinoamérica, las concesiones apenas tuvieron repercusión. La preocupación de Eisenhower ante el atractivo del comunismo se vio confirmada a partir de enero de 1959, cuando el dictador cubano Fulgencio Batista fue destituido por Fidel Castro, un hombre al que Eisenhower enseguida calificó de comunista.

En 1960 Eisenhower viajó a América del Sur. El viaje se consideró un éxito en la mejora de las relaciones. Lo recibieron multitudes entusiasmadas. Pero hubo también manifestaciones, aunque sin la violencia con que se había enfrentado Nixon. Sin embargo, se notaba un fuerte sentimiento antiamericano. Los estudiantes chilenos afirmaron que Estados Unidos apoyaba a los dictadores para mantener su hegemonía económica. Se exhibieron carteles favorables a Franco.

En líneas generales, Eisenhower estaba satisfecho de su papel en América del Sur. Las inversiones estadounidenses aumentaron rápidamente, Estados Unidos aportó más ayuda, liberalizó el tráfico comercial y potenció las instituciones democráticas. Pero a fin de cuentas, la administración Eisenhower acogió a los dictadores anticomunistas y no criticó sus tropelías. Lo peor fue que muchos activistas políticos perdieron la esperanza en las reformas democráticas pacíficas. Sólo les quedó el recurso de la guerrilla, que los empujó hacia el comunismo. El legado de la Guerra Fría de Eisenhower en América del Sur fue, por tanto, ambiguo.

CUBA

REPÚBLICA DOMINICANA

1.000 km

GUATEMALA

EL SALVADOR

NICARAGUA

Caracas

VENEZUELA

○ Bogotá

COLOMBIA

○ Quito

EQUADOR

PERÚ

● Lima

○ La Paz

BOLIVIA

BRASIL

PARAGUAY

CHILE

○ Asunción

Río de Janeiro

VIAJE DE NIXON, 1958

● Manifestación pacífica

● Motín

○ Tranquilidad

VIAJE DE EISENHOWER, 1960

● Muestras de antiamericanismo

▨ Gobierno derrocado por la CIA

▨ Gobierno que la CIA ordenó derrocar

▨ Descontento achacado a Cuba

URUGUAY

Montevideo

Santiago ●

Buenos Aires ●

N

ARGENTINA

Mapa 20. Las dos Chinas

El derrumbamiento del régimen del Kuomintang y la huída de Chiang Kai-shek a Taiwán no acabaron con la guerra civil en China. Mao proclamó la República Popular (RPC) en Beijing (Pekín), pero Chiang Kai-shek insistió en que su régimen era el gobierno legítimo de la República de China (RC). Ambas partes se negaron a considerar Estado separado a Taiwán. Para la RPC Taiwán era una provincia rebelde sobre la que reclamaba soberanía. Para la RC toda la China continental se componía de provincias rebeldes.

La política americana era partidaria de la división de China, como había ocurrido en Alemania y Corea. Pero ni Chiang Kai-shek ni Mao contemplaban tal posibilidad. Chiang Kai-shek creía sinceramente que el régimen de Mao sería tan incompetente y brutal que no resistiría mucho tiempo. El caos del Gran Salto Adelante en 1958 y de la Revolución cultural a partir de 1966 demuestran que Chiang Kai-shek no iba tan descaminado (véase mapa 25). Desde una perspectiva más realista, siempre quedaba la esperanza de que Estados Unidos derrotase a la RPC y reinstaurase el régimen de Chiang Kai-shek. A Mao, que era mucho más nacionalista de lo que creían los norteamericanos, le parecía intolerable la existencia de un régimen separado en Taiwán. Existía además el peligro de que Estados Unidos atacase a la RPC desde Taiwán. Por tanto, Mao quería invadir la isla y completar la reunificación de China.

La situación era inestable. Se exigió a otras potencias que eligiesen el gobierno que consideraban legítimo. Ante el riesgo de nuevos enfrentamientos, ¿hasta qué punto se hallaban comprometidos Estados Unidos y la URSS con sus respectivos bandos? Inglaterra siempre se mostró pragmática en semejantes asuntos: los comunistas gobernaban China y, por tanto, eran el gobierno. A Inglaterra sólo le interesaba Hong Kong y a la RPC le parecía útil el *statu quo*. Inglaterra reconoció a la RPC casi inmediatamente, pero Estados Unidos no podía hacer lo mismo. Los norteamericanos siempre habían tenido ideas muy poco realistas sobre China y Truman recibió numerosas críticas por la «pérdida» del país asiático. Además, por insistencia de los americanos, a China se le había concedido asiento permanente en el Consejo de Seguridad de Naciones Unidas, y no deseaban que la RPC heredase dicho asiento. Continuaron reconociendo a la RC, pero dudaron en llegar a compromisos de seguridad que permitiesen a Chiang Kai-shek arrastrarlos a una guerra en China.

Las actitudes estadounidenses cambiaron con la Guerra de Corea. Los americanos, convencidos de que el mundo comunista era monolítico, consideraron China como parte de la estrategia global soviética y decidieron que resultaba perjudicial para sus intereses la ocupación de Taiwán. Podía desembocar en el dominio chino del Pacífico occidental y, por último, de dicho océano por completo. Otros Estados, temerosos de verse inmersos en una guerra global, se negaron a extender la seguridad colectiva a Taiwán a través de la SEATO (Organización del Tratado del Sudeste Asiático). Y así, Estados Unidos firmó un acuerdo de seguridad bilateral con Chiang Kai-shek en diciembre de 1954.

Se trataba de un paso arriesgado. Mao tenía planes de invadir Taiwán, pero sus recursos se habían desviado a Corea. Una vez acabada la Guerra de Corea, podía volver a centrarse en Taiwán. La consecuencia inmediata fue que el Kuomintang se apoderó de varias islas próximas a la China continental: las islas Taschen, Matsu y Quemoy, esta última a menos de tres kilómetros de tierra firme. Carecían de valor militar, pero Chiang Kai-shek se negó a abandonarlas. Mao se ofendió mucho cuando la RPC fue excluida del Consejo de Seguridad y cuando se firmaron las negociaciones entre Taiwán y Estados Unidos. En marzo de 1954 ordenó el bombardeo de Quemoy, que se convirtió en bombardeo masivo en septiembre.

Eisenhower sabía que las islas carecían de valor, pero se encontraba en un dilema. No quería ir a la guerra, pero el grupo de presión de la RC exigía un acto de fuerza. La pérdida de las islas deterioraba la imagen de Estados Unidos como puntal de Taiwán, lo cual podía socavar otras alianzas de los americanos. Daba la impresión de que Estados Unidos no era capaz de frenar el avance del comunismo en Asia. Sin embargo, los aliados europeos de Eisenhower no tenían intención de ir a la guerra por un motivo tan trivial. A pesar de ello, Eisenhower se apresuró a firmar el acuerdo de seguridad con Taiwán y a sugerir que Estados Unidos estaba dispuesto a utilizar armas nucleares tácticas para defender las islas. La RPC se burló de esos gestos, pero tuvieron su efecto junto con las presiones soviéticas para evitar el aumento de las tensiones. El bombardeo cesó, pero antes la RPC asaltó la isla de Yijiangshan. Ante ello, Estados Unidos se convenció de que las islas Taschen eran indefendibles y obligó a Chiang Kai-shek a evacuarlas.

Después de esto, para Estados Unidos sería una gran humillación consentir la pérdida de Matsu y Quemoy. Además, como Chiang Kai-shek había apostado en estas islas sus mejores tropas, su pérdida podía provocar la pérdida de Taiwán. Cuando Mao reinició los bombardeos en 1958, a Eisenhower le pareció que no tenía más remedio que ayudar a Taiwán. Los aliados se escandalizaron cuando Eisenhower volvió a hablar del empleo de armas nucleares tácticas y las tensiones se apaciguaron. Chiang Kai-shek fue obligado a hacer una declaración repudiando el empleo de la fuerza para ocupar territorios continentales. Mao respondió bombardeando Quemoy a días alternos, lo cual confirió un carácter surrealista a la crisis, que a partir de entonces casi nadie tomó en serio.

Como consecuencia de estas crisis, Estados Unidos suscribió un compromiso global con Taiwán. A los americanos no les gustó la actitud dudosa de los europeos ante Taiwán. Pero la RPC también se disgustó mucho con la timidez de la URSS, para quien las islas eran un asunto ridículo que no merecía el riesgo de una guerra. El hecho ejerció mucha más presión sobre los aliados soviéticos que sobre los de Estados Unidos.

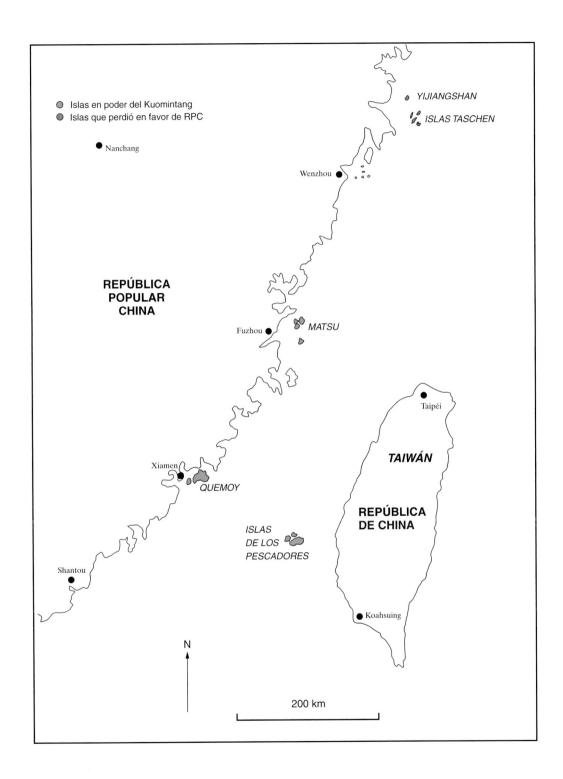

Islas en poder del Kuomintang
Islas que perdió en favor de RPC

● Nanchang

YIJIANGSHAN

ISLAS TASCHEN

Wenzhou ●

REPÚBLICA
POPULAR
CHINA

Fuzhou ● MATSU

Taipéi ●

TAIWÁN

Xiamen ●
QUEMOY

REPÚBLICA
DE CHINA

ISLAS
DE LOS
PESCADORES

Shantou ●

Koahsuing ●

N

200 km

Mapa 21. El muro de Berlín

El fin del bloqueo de Berlín no acabó con las fricciones este-oeste sobre la ciudad. La cuestión se prolongó durante la década de los cincuenta. Las potencias ocupantes occidentales se negaron a reconocer a Alemania del Este y a evacuar la ciudad dividida, lo cual fue una constante fuente de irritación para Moscú. Sin embargo, las potencias occidentales no tenían intención de ceder ante las presiones soviéticas e irse. Semejante señal de debilidad haría pensar a los alemanes del oeste que sus aliados no se sentían responsables de ellos, en cuyo caso podían decantarse por la reunificación de Alemania tras llegar a un acuerdo con la URSS.

En 1961 las tensiones sobre Berlín empeoraron. De nuevo, había muchas posibilidades de guerra. Berlín occidental había dejado de ser una molestia para Moscú y se había convertido en una amenaza real. Era necesaria una solución. El problema no radicaba en un amago de ataque o de espionaje por parte de las potencias ocupantes, sino en la ruta de huida a Berlín occidental que desde el este permitía el paso a la Alemania Occidental. El número de personas que huían de la Alemania del Este era intolerable.

Entre 1949 y 1961 la población de Alemania Oriental se redujo casi en dos millones de personas hasta situarse en dieciséis millones de habitantes. Para empeorar las cosas, la mayoría de los que huían eran jóvenes de menos de veinticinco años. Muchos tenían una valiosa preparación técnica, proporcionada por el Estado de Alemania Oriental. No sólo se trataba de una pérdida de prestigio, sino de un grave contratiempo para la economía de Alemania Oriental, la más fuerte de los países satélites de Moscú. Debido a la falta de personas preparadas, Alemania Oriental se estaba desangrando y cada vez se marchaba más gente. La situación se volvía insostenible.

Se llegó al punto de que tuvo que intervenir Jruschov. En noviembre de 1958 anunció que estaba dispuesto a firmar un tratado de paz separado con Alemania Oriental, dando fin a la ocupación aliada y concediendo derechos a la ciudad. Admitió la posibilidad de una «ciudad libre» desarmada de Berlín occidental, pero había que llegar a un acuerdo antes del 27 de mayo de 1959; de lo contrario, actuaría de forma unilateral. Lo que quería decir era que si Occidente se negaba a marcharse, sería expulsado: la guerra parecía inminente. Pero Eisenhower, convencido de que se trataba de un farol de Jruschov, se mantuvo firme y ofreció negociaciones sobre la posible unificación de Alemania para dar al líder ruso oportunidad de retroceder sin quedar mal. Eisenhower tuvo éxito, pero el problema de Jruschov no desapareció, sino que empeoró, y había que solucionarlo. En junio de 1961 se reunió con Kennedy en una cumbre en Viena. Kennedy se hallaba debilitado por el fiasco de la Bahía de Cochinos (véase mapa 22), y Jruschov creyó que podía amedrentarlo. Cuando Kennedy se negó a renunciar a los derechos de Occidente sobre Berlín, Jruschov amenazó con la guerra. Kennedy abandonó la reunión muy preocupado.

No podía entregar Berlín occidental; estaba convencido de que Occidente lucharía por la cuestión. Pero también se daba cuenta de que Jruschov tenía un grave problema que requería solución. La guerra tal vez fuese inevitable.

Kennedy respondió a la creciente crisis en un discurso de julio de 1961, en el que anunció que Occidente iba a defender sus derechos en Berlín occidental y a destinar contingentes a ello. También autorizó un importante programa de defensa civil que provocó cierto pánico en Estados Unidos. La respuesta de Jruschov fue una fanfarronada: decir que la URSS ganaría cualquier guerra. Pero los dos se daban cuenta de que Kennedy estaba ofreciendo a Jruschov una solución pacífica al problema. Kennedy había elegido sus palabras con mucho cuidado, aludiendo a los derechos de Occidente en Berlín occidental, no en Berlín. Se trataba de un gran cambio político, pues la deducción era que no se exigían derechos sobre Berlín oriental, como el acceso entre ambas zonas. Quedaba claro que Estados Unidos no emprendería acciones si el problema de los refugiados se resolvía fuera de Berlín occidental. En resumen, Kennedy presentaba la solución.

El 13 de agosto de 1961 Alemania Oriental cerró la frontera con Berlín occidental, construyendo un muro que separaba de forma permanente las dos mitades de la ciudad. El principal objetivo del muro era evitar que los alemanes orientales huyesen a Berlín occidental y lo consiguió. El número de refugiados se redujo drásticamente desde las tres mil personas que antes pasaban diariamente a la zona occidental. A los guardias de frontera de Alemania Oriental les ordenaron disparar a los huidos. No se sabe cuántos murieron, pero se calcula que podrían rondar los trescientos. La barrera no era infranqueable. Los refugiados tenían valor e ingenio: una familia utilizó un globo aerostático casero, y se hicieron muchos túneles. El más aprovechable, en la Bernauerstrasse, permitió la salida de cincuenta y nueve personas y fue objeto de un documental televisivo. En total, cruzaron el muro unas cinco mil personas. Sin embargo, la estabilidad de Alemania Oriental no estaba amenazada y la gran mayoría de alemanes del este no tuvieron más opción que amoldarse al gobierno comunista de la mejor manera posible.

Occidente manifestó su oposición al muro, pero en general se vio con alivio que se hubiese resuelto un constante elemento de tensión que podía conducir incluso a la guerra. El hecho de que los gobiernos comunistas tuviesen que recurrir a una solución brutal, construir un muro para evitar que sus ciudadanos huyesen, fue utilizado por la propaganda occidental durante el resto de la Guerra Fría.

Pero en realidad, la división de Alemania tenía raíces más profundas. Tras resolverse el potencial punto crítico de Berlín, no hubo interés en solventar una división que parecía estable. Las dos Alemanias aceptaron el hecho en 1972 (véase mapa 36). La división de Europa quedaba así arraigada y normalizada, lo cual hacía que la política más realista fuese la distensión europea (véase mapa 36).

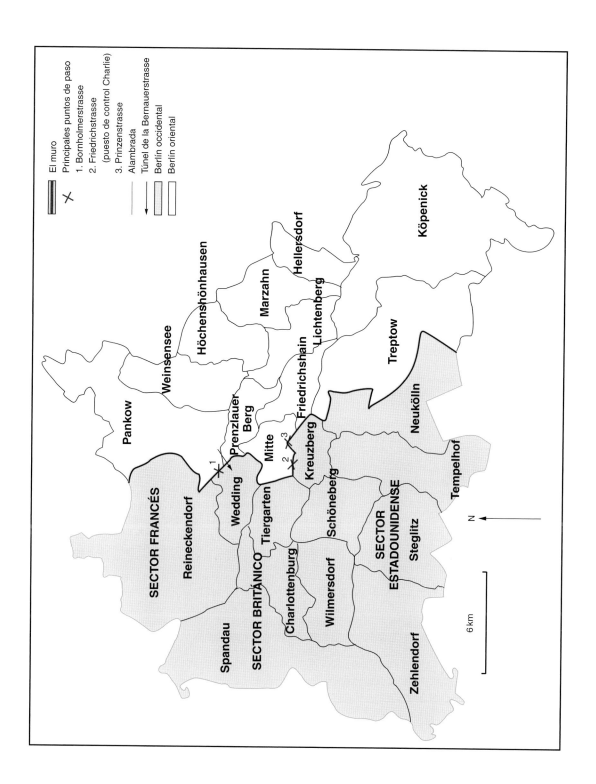

El muro

Principales puntos de paso

1. Bornholmerstrasse
2. Friedrichstrasse
   (puesto de control Charlie)
3. Prinzenstrasse

Alambrada

Túnel de la Bernauerstrasse

Berlín occidental

Berlín oriental

Pankow

Weinsensee

Höchenshönhausen

Marzahn

Hellersdorf

Lichtenberg

Köpenick

Prenzlauer Berg

Friedrichshain

Treptow

Mitte

Kreuzberg

Neukölln

SECTOR FRANCÉS

Reineckendorf

Wedding

Tiergarten

Schöneberg

Tempelhof

Charlottenburg

SECTOR BRITÁNICO

Spandau

Wilmersdorf

SECTOR ESTADOUNIDENSE

Steglitz

Zehlendorf

N

6 km

Mapa 22. Cuba: La revolución de Castro y la bahía de Cochinos

En noviembre de 1956 Fidel Castro y ochenta y dos revolucionarios salieron de México a borde del barco *Granma*. Su destino era Cuba. Formaban uno de los grupos decididos a derrocar al dictador cubano Fulgencio Batista. Tras desembarcar en Las Coloradas, cayeron en una emboscada de la que sólo unos cuantos lograron huir a través de la inaccesible Sierra Maestra. Castro, que prometió justicia, la reforma agraria, educación y asistencia sanitaria, se ganó el apoyo del campesinado y organizó un gran ejército revolucionario. Tras desbaratar el intento de Batista de destruir sus baluartes, los revolucionarios emprendieron la ofensiva en diciembre de 1958. Las fuerzas de Castro atravesaron Santiago de Cuba y Santa Clara hasta llegar a La Habana, y Batista abandonó el país. La revolución de Castro había triunfado.

En un principio, Estados Unidos acogió de buen grado a Castro. Batista había sido un aliado incómodo, con un régimen extremadamente brutal y corrupto. La economía se hallaba estancada. Hacía décadas que no se efectuaban reformas. Sin embargo, la ejecución de dichas reformas resultaba problemática. Casi toda la industria y una proporción muy alta de la agricultura eran de propiedad americana. Las reformas, sobre todo la de la tierra, no se podían hacer sin perjudicar los intereses norteamericanos. Pero la cuestión era más profunda. Para Castro, y para la gran mayoría de los cubanos, Estados Unidos era parte fundamental de sus problemas. El país del norte llevaba demasiado tiempo dominando Cuba e interviniendo a su antojo en la política interior. La economía estaba controlada por los americanos. Un objetivo básico de la revolución de Castro era liberar a Cuba de dicho dominio.

Desde el principio el discurso de Castro fue muy antiamericano. Su conducta también manifestaba escaso respeto hacia los valores democráticos americanos. Gran número de enemigos derrotados por Castro fueron ejecutados sin apenas juicio. Se expulsó a los moderados del gobierno y se aplazaron las elecciones, mientras Castro se afianzaba en el poder. Semejante comportamiento convenció a Eisenhower de que tenía ante sí a un comunista.

Eisenhower, que no pensaba tolerar un Estado comunista en el hemisferio occidental, decidió repetir el éxito de Guatemala y ordenó a la CIA que derribase a Castro. La CIA difundió propaganda subversiva y, al parecer, contrató a la Mafia para asesinar a Castro. Organizó ataques en Cuba, saboteando la economía y matando castristas, sobre todo maestros, que eran un blanco fácil. También reclutó una brigada de exiliados cubanos anticastristas, pensando alegremente que la invasión de Cuba por ellos provocaría un alzamiento contra Castro y resolvería el problema sin intervención directa de Estados Unidos. Aunque se hicieron planes, Eisenhower nunca dio su aprobación definitiva. Al fin y al cabo, había sido comandante del mando supremo aliado en el Día D y sabía que las invasiones por mar eran mucho más arriesgadas que un cruce de fronteras, como el que se había hecho en Guatemala. La decisión se aplazó hasta que asumió el cargo el recién elegido presidente Kennedy.

Si Castro esperaba que un nuevo presidente mejorase las relaciones, enseguida se decepcionó. Kennedy se mostró aún más hostil que Eisenhower. Había utilizado la cuestión cubana en las elecciones, obteniendo un apoyo cubano-americano extremadamente ruidoso. Comprendía, además, el presidente que la nacionalización de las propiedades estadounidenses tendría consecuencias y daría ideas a otros países de Latinoamérica. Pero lo más ofensivo era que un gobierno del hemisferio occidental se atrevía a desafiar a Estados Unidos descaradamente. En su hostilidad contra Castro, Kennedy desplegó mucha más energía que Eisenhower y menos cautela.

Kennedy se entusiasmó cuando le hablaron de la propuesta de desembarco. Parecía una solución rápida y fácil al problema sin intervención abierta de Estados Unidos. Ninguno de los expertos a los que consultó le explicó claramente los riesgos de la operación. Se dio por sentado que el desembarco provocaría un alzamiento popular; si eso no ocurría, los exiliados se replegarían hacia el interior e iniciarían una guerra de guerrillas similar a la de Castro. Pero el lugar elegido para el desembarco, la bahía de Cochinos, estaba frente a un pantano. Resultaba imposible retirarse al interior. Kennedy no se dio cuenta de que el éxito dependía de una revuelta popular y de que en ese momento Castro gozaba de una inmensa popularidad en Cuba. Castro se estaba ocupando de necesidades muy acuciantes y muchísimos cubanos coincidían con su retórica antiamericana. No habría levantamiento.

El 17 de abril de 1961 la brigada de exiliados, integrada por unos mil cuatrocientos, desembarcó en la bahía de Cochinos. La operación se desarrolló muy mal. Su fuerza aérea no logró destruir por completo los aviones de Castro en tierra, dando así al traste con el factor sorpresa. Los exiliados estaban mal adiestrados y peor equipados. El barco que transportaba casi todas sus radios y municiones fue destruido antes de llegar a la costa. No hubo levantamiento. Las experimentadas tropas de Castro luchaban bien y contaban con total apoyo popular. Los exiliados se encontraron atrapados, no recibieron ayuda militar estadounidense y se rindieron al cabo de tres días.

Para Kennedy el fracaso supuso una tremenda humillación, agravada cuando Castro intercambió a los exiliados capturados por comida y medicamentos. En Estados Unidos y en todo el mundo se criticó a Kennedy por la operación. Los anticomunistas lo censuraron por permitir el fracaso. Otros lo condenaron por haberse metido en un juego injustificado e imprudente que podría haber provocado la respuesta de los soviéticos y, en consecuencia, una guerra nuclear. Había una cosa clara: Estados Unidos no iba a perdonar a Castro semejante humillación; Fidel se había convertido en enemigo permanente.

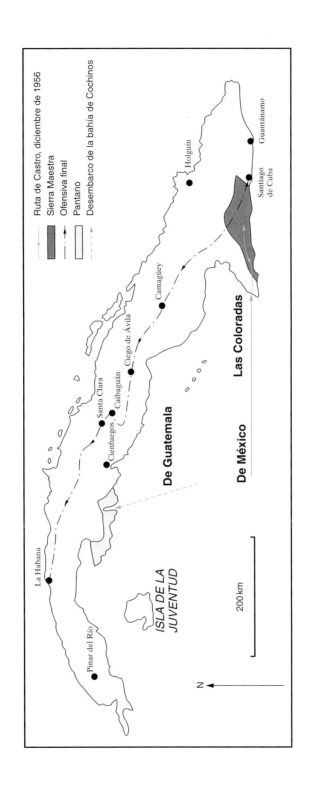

Ruta de Castro, diciembre de 1956
Sierra Maestra
Ofensiva final
Pantano
Desembarco de la bahía de Cochinos

Guantánamo

Santiago
de Cuba

Holguín

Camagüey

Ciego de Ávila

Santa Clara

Caibaguán

Cienfuegos

De Guatemala

De México

Las Coloradas

La Habana

Pinar del Río

*ISLA DE LA
JUVENTUD*

200 km

N

Mapa 23. La crisis de los misiles cubanos

Tras el fiasco de la bahía de Cochinos, Castro intentó arreglar sus relaciones con Estados Unidos. Pero Kennedy no estaba interesado. Aunque los posibles riesgos imposibilitaban la invasión la isla, se autorizó a la CIA a ejecutar la Operación Mangosta, un nuevo ensayo para desestabilizar el régimen de Castro. La operación contemplaba ataques a objetivos económicos y planes para asesinar a Castro. Con el fin de intimidar a Cuba, las fuerzas estadounidenses realizaron una gran maniobra militar en 1962, en la que se invadió una isla imaginaria gobernada por un dictador que curiosamente se llamaba Ortsac. Estos gestos pusieron nervioso a Castro y también al líder soviético Nikita Jruschov. Cuba era el único punto de apoyo del comunismo en el hemisferio occidental y había que protegerlo.

A Jruschov le preocupaban además otras cosas. Quería reducir a toda costa el gasto militar soviético, pero desde el lanzamiento del *Sputnik* en 1957 había presumido de una ventaja totalmente ficticia en misiles. Kennedy respondió incrementando los MBI (misiles balísticos intercontinentales) de Estados Unidos. Jruschov se mostró remiso a imitarlo: los mísiles balísticos intercontinentales eran carísimos.

Las acciones de Estados Unidos sugirieron a Jruschov una forma simple de proteger a Cuba y de igualar el incremento de misiles estadounidenses a bajo coste. Estados Unidos había estacionado misiles nucleares en Turquía, sin la menor consideración hacia los soviéticos. Por tanto, a Jruschov le parecía totalmente razonable transferir MRBM e IRBM (misiles balísticos de alcance medio y de alcance intermedio) de la URSS a Cuba. Actuarían como elemento disuasorio ante una invasión estadounidense y ampliarían la capacidad de los misiles soviéticos, con la mayoría de los estadounidenses dentro de su alcance, a una fracción del coste de fabricar MBI.

Con el consentimiento de Castro pronto se instalaron en Cuba unos cuarenta mil soldados soviéticos, preparados para desplegar ochenta misiles con cuarenta cabezas nucleares. Había también dos armas nucleares tácticas para hacer frente a posibles invasiones. Si las bases de misiles se construían y los misiles se instalaban sin que los americanos se enterasen, no podrían hacer nada al respecto. Pero un avión espía U2 estadounidense descubrió las bases que se estaban construyendo en octubre de 1962.

Kennedy decidió que había que retirar los misiles inmediatamente, aunque no se sabía cómo. El primer impulso de Kennedy fue organizar ataques aéreos, seguidos por una invasión. Sin embargo, el fiasco de la bahía de Cochinos le había enseñado a meditar bien sus opciones antes de actuar en una crisis semejante. Tras reflexionar, comprendió los problemas que se derivarían de una actuación: habría muchas víctimas, aunque Kennedy no alcanzaba a calcular cuántas serían. No se daba cuenta de las consecuencias de las armas nucleares tácticas contra Cuba. Y como colofón, los ataques aéreos matarían a muchos ciudadanos soviéticos, lo

cual podía encender una guerra. Al fin, Kennedy entendió que los ataques aéreos ni siquiera garantizaban la destrucción de todos los misiles. Aunque sólo sobreviviesen el 10 por 100, si luego se lanzaban, Estados Unidos no se atrevía a predecir las consecuencias.

Otras alternativas tampoco resultaban aceptables. Negociar la retirada de los misiles le daría tiempo a la URSS para convertirlos en operativos. Además, tal vez Estados Unidos tuviese que hacer concesiones en la base aérea de Guantánamo o retirar los misiles de Turquía. Dichas concesiones se considerarían una debilidad. Sólo quedaba la alternativa de un bloqueo naval, que impediría la instalación de más misiles, no la retirada de los que ya se habían instalado. Desde el punto de vista del derecho internacional era ilegal. Sin embargo, evitaría el derramamiento de sangre y, si fallaba, aún se podía recurrir a los ataques aéreos.

En principio, los soviéticos respondieron en tono beligerante, tildando correctamente el bloqueo de ilegal e insistiendo en que lo afrontarían. Mientras los barcos soviéticos se dirigían a la línea de bloqueo, Kennedy tuvo que decidir cómo actuar ante semejante desafío. Parecía inminente la Tercera Guerra Mundial. Sin embargo, en el último momento los barcos soviéticos dieron la vuelta. Jruschov escribió a Kennedy dos veces: su primera carta era un críptico llamamiento a la razón para evitar un holocausto nuclear. La segunda, más concreta, proponía la retirada de los misiles de Turquía y de Cuba y que se dieran garantías de seguridad a ambas naciones. Kennedy no estaba dispuesto a aceptar dicho acuerdo.

Sin embargo, la crisis no había acabado. Los misiles seguían en Cuba. Kennedy recibía cada vez más presiones para retirarlos y comprendió que se vería empujado a invadir Cuba en unos días si no llegaba a un entendimiento con Jruschov.

Jruschov había ofrecido un acuerdo equitativo y realista, pero a Kennedy le resultaba embarazoso aceptarlo abiertamente. En su respuesta formal a Jruschov no dijo nada de los misiles turcos ni de las garantías de Cuba. Pero su hermano Robert, que entregó la carta, aseguró al embajador soviético que, unos meses después de que desapareciesen los misiles cubanos, los misiles turcos se retirarían discretamente. Bastó para sofocar la crisis. La Guerra Fría había estado a punto de convertirse en guerra nuclear por culpa de una crisis perfectamente evitable. La intimidación de Kennedy contra Cuba había sido tan provocativa como la respuesta de Jruschov. En medio del alivio que siguió a la crisis, pocos criticaron dichas actitudes. Una de las ironías de la crisis fue que suscitó tal miedo que las dos naciones se vieron obligadas a reconsiderar sus estrategias en la Guerra Fría. Tras la crisis del muro de Berlín (véase mapa 21), se extendió la idea de que no se debía repetir nunca una situación que situase al mundo al borde del abismo. Por ello, se suscribieron una serie de acuerdos, entre ellos el funcionamiento de una «línea caliente» para que los líderes de las dos potencias se comunicasen directamente, y una prohibición parcial del ensayo de armas nucleares. En resumen, en esta confrontación nació todo el proceso de disuasión.

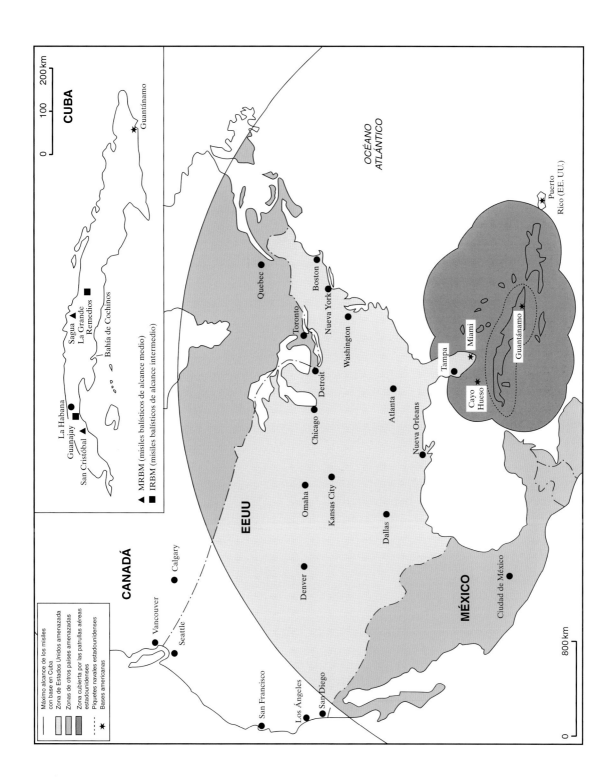

CUBA

200 km
100
0

Guantánamo

Máximo alcance de los misiles con base en Cuba
Zona de Estados Unidos amenazada
Zona de otros países amenazadas estadounidenses
Zona cubierta por las patrullas aéreas estadounidenses
Piquetes navales estadounidenses
Bases americanas

▲ MRBM (misiles balísticos de alcance medio)
■ IRBM (misiles balísticos de alcance intermedio)

La Habana
Guanajay
San Cristóbal
Sagua La Grande
Remedios
Bahía de Cochinos

CANADÁ

Vancouver
Seattle
Calgary
San Francisco
Los Ángeles
San Diego
Denver
Omaha
Kansas City
Dallas

EEUU

Quebec
Boston
Toronto
Nueva York
Detroit
Washington
Chicago
Atlanta
Nueva Orleans

MÉXICO
Ciudad de México

Tampa
Miami
Cayo Hueso
Guantánamo

OCÉANO ATLÁNTICO

Puerto Rico (EE. UU.)

800 km
0

EL PERIODO FINAL DE LA GUERRA FRÍA

Mapa 24. La ruptura chino-soviética

Los observadores occidentales tendían a considerar el mundo comunista monolítico y gobernado desde Moscú. Se equivocaban. Desde que el Partido Comunista Chino (PCC) llegó al poder, tuvo problemas con sus vecinos del norte. El PCC había alcanzado el poder a pesar del liderazgo soviético, y no gracias a él. Stalin, que había firmado un tratado favorable con Chiang Kai-shek, no quería que el PCC ocupase el poder. El liderazgo de Moscú había sido nefasto para el PCC en los años de entreguerras. Mao se consideraba un ideólogo a la altura de Marx y de Lenin. El prestigio de Stalin era inmenso, y Mao lo respetaba, pero no hasta el punto de la obediencia incuestionable.

Tras años de caos y guerra, las necesidades de China eran enormes. Con un régimen respaldado por Estados Unidos en el Kuomintang, Mao también tenía graves problemas de seguridad. Sólo la URSS podía solventar sus carencias. La URSS proporcionó ayuda y firmó un tratado de seguridad, pero a Mao le parecieron insuficientes e indignos de sus merecimientos. Recibió préstamos en vez de subsidios y en cantidades ridículas. No se le ofreció garantía de apoyo en caso de ataque de Taiwán, ni siquiera si Estados Unidos apoyaba a este último país. A Mao, que era tan nacionalista como comunista, no le gustaba nada la inevitable dependencia de China con respecto a la Unión Soviética.

Las relaciones chino-soviéticas tenían, de esta forma, tensiones, contenidas por la dependencia china y por el respeto de Mao a Stalin. Respeto que no sentía hacia Jruschov quien, sin embargo, estaba deseando ofrecer más ayuda. En realidad, prometió más de la que podía dar, otro punto de fricción. Para empeorar las cosas, el vivaracho Jruschov poco tenía que hacer al lado de la descollante personalidad de Stalin. Y fue él el encargado de llevar a cabo medidas políticas que ofendieron profundamente a Mao, el cual no tardó en despreciar al líder soviético. En consecuencia, los odios soterrados salieron a la luz. Las relaciones entre Pekín y Moscú acabaron por agriarse. La guerra chino-soviética se cernía como seria posibilidad.

Estas hostilidades vinieron dictadas por cuestiones ideológicas y prácticas. Jruschov provocó graves afrentas con su denuncia de Stalin en 1956. Desde la perspectiva de Mao, al repudiar los crímenes de Stalin, Jruschov también repudiaba su política. Y había pautas que el propio Mao seguía, como la colectivización de la agricultura y el desarrollo planificado de la industria pesada. La crítica de Jruschov al culto a la personalidad de Stalin repercutía asimismo sobre Mao, cuya personalidad recibía un culto aún más exagerado que la de Stalin.

Para acabar con la dependencia que el PCC tenía de la ayuda soviética y para reivindicar la vía de Stalin al socialismo, Mao instigó el Gran Salto Adelante en 1958 (véase mapa 25). Pretendía llevar a cabo una completa transformación económica de China de la noche a la mañana. Para ello había que implantar la colectivización total y la comunalización de la vida china. Pero resultó una fantasía desastrosa. Jruschov estaba desalentado. Comprendía que el plan de Mao no funcionaba y temía que la URSS tuviese que rescatarlo de su fracaso con ayuda a gran escala. El líder soviético pensaba que ya se había sacrificado bastante por China y comenzó a recortar la cooperación económica.

En términos prácticos, Mao malinterpretó gravemente la retórica de Jruschov. El lanzamiento del *Sputnik* en 1957 parecía indicar que la URSS había superado a Occidente en el terreno tecnológico. Jruschov agudizó esta impresión hablando de la ventaja que la Unión Soviética tenía en cuanto a misiles. Lo que Eisenhower comprendió, y Mao no, fue que Jruschov estaba fanfarroneando. Mao aceptó las bravatas de Jruschov sin cuestionarlas. Para Mao la situación era muy simple: el comunismo mundial estaba en ascenso. Era el momento ideal para imponer el comunismo en África y Asia.

Ante eso, resultaba inexplicable (cobarde o, como mínimo, traidor) el discurso de Jruschov sobre la «coexistencia pacífica» y sobre la voluntad de llegar a un acuerdo de disensión con Eisenhower. Para obligar a Jruschov a utilizar su fuerza, más que a negociar, Mao provocó una crisis en Quemoy en 1958 (véase mapa 20). Le enfurecía la falta de apoyo soviético. Y por tanto, decidió que la República Popular China (RPC) debía tener sus propias armas nucleares. Sin embargo, a esas alturas Jruschov estaba convencido de que tenía que vérselas con un loco y se negó a ayudar a la RPC a adquirir armas nucleares a menos que la URSS tuviese el pleno control de las mismas.

En 1960 Mao criticó a Jruschov de forma demasiado directa. Afirmó que la coexistencia pacífica era una traición y una revisión del marxismo-leninismo, lo cual equivalía a un venenoso insulto contra Jruschov. El líder soviético se apresuró a retirar a todos sus técnicos de China, lo cual perjudicó la economía de la RPC en el momento en que trataba de recuperarse del Gran Salto Adelante. A partir de entonces, las dos potencias comunistas compitieron abiertamente por el liderazgo del mundo comunista y por la influencia mundial, sobre todo en los países subdesarrollados. El diálogo entre ambos se redujo a amargos insultos personales.

Mientras, los dos bandos renunciaron a la guerra. Las armas nucleares la convertían en opción imposible. Hasta la fuerza nuclear comparativamente pequeña de China actuaba como eficaz elemento disuasorio. Sin embargo, los choques no se podían ocultar. Washington se dio cuenta de que había un profundo cisma en el mundo comunista a punto de explotar. En 1972 Estados Unidos decidió reconocer a la RPC y tratarla como gran potencia. La URSS quedó así más aislada e insegura.

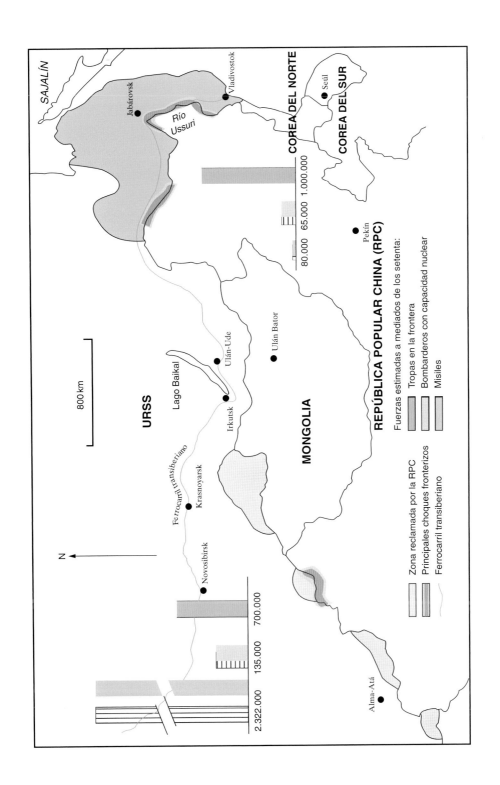

SAJALÍN

Jabárovsk

Río Ussuri

Vladivostok

COREA DEL NORTE

Seúl

COREA DEL SUR

1.000.000

65.000

80.000

Pekín

REPÚBLICA POPULAR CHINA (RPC)

Fuerzas estimadas a mediados de los setenta:

Tropas en la frontera

Bombarderos con capacidad nuclear

Misiles

URSS

Lago Baikal

Ulán-Ude

Ulán Bator

Irkutsk

800 km

Ferrocarril transiberiano

Krasnoyarsk

MONGOLIA

N

Novosibirsk

700.000

135.000

2.322.000

Alma-Atá

Zona reclamada por la RPC

Principales choques fronterizos

Ferrocarril transiberiano

Mapa 25. La Revolución cultural

En septiembre de 1949 Mao Zedong proclamó la República Popular de China (RPC). Había unido China, restaurado el control efectivo del gobierno central y librado al país de la dominación extranjera. El Partido Comunista Chino (PCC) que dirigía era eficaz y temido, pero también respetado. Mao tenía gran proyección personal. Destacaba sobre sus socios, y el «culto a la personalidad» lo presentaba como semidiós. Pero no estaba satisfecho. No había llegado al poder por gusto, sino para transformar totalmente China. Y le preocupaba fracasar en el empeño.

Mao, tras considerar seguro su régimen, proclamó en 1957 el Movimiento de las «Cien Flores», que prometía inmunidad a quienes hiciesen crítica constructiva del Estado. En vez de las quejas menores que esperaba, los intelectuales se dedicaron a cuestionar el fundamento del comunismo. Mao, sorprendido por el alcance de la oposición, decidió que su régimen no estaba tan seguro y arremetió contra las críticas. Pero lo peor vino a continuación. Como la amistad de la RPC con la URSS se estaba resquebrajando, el líder chino decidió que China debía encaminarse hacia el socialismo, la industrialización y la modernización, para evitar el fracaso de su revolución. En 1958 inició el «Gran Salto Adelante», cuya idea motriz era la modernización instantánea a través de la movilización de masas. Se completó la colectivización agrícola y a las comunas campesinas se les ordenó producir enormes cantidades de acero en hornos caseros. El resultado fue catastrófico. Millones de personas murieron en la hambruna posterior. El prestigio del PCC sufrió un grave deterioro.

Mao no estaba dispuesto a admitir que el fracaso se debía al carácter fantástico y poco realista de su proyecto. Afirmó que la culpa era del PCC y de su incapacidad para cambiar China. El PCC había perdido el contacto con el proletariado y los campesinos. Al partido se habían afiliado demasiadas personas que no repudiaban del todo las actitudes burguesas. Buscaban los privilegios del rango, actuaban de forma autoritaria y se sentían superiores. En realidad, Mao creía que el PCC corría el peligro de incurrir en los mismos fallos que el Partido Comunista Soviético: estaba dejando de ser revolucionario. Sus logros se perderían tras su muerte.

La única solución que se le ocurrió a Mao fue organizar una nueva revolución, que no encabezaría el partido, sino que se dirigiría contra los elementos burgueses del mismo y del sistema de gobierno. Mao entendió que los jóvenes eran los verdaderos revolucionarios y procedió a movilizarlos. El primer llamamiento a una nueva revolución se produjo en junio de 1966, cuando aparecieron carteles que criticaban a los profesores de la Universidad de Pekín. Se animó primero a los estudiantes, y luego a los escolares, a desafiar a la autoridad. Se creó la Guardia Roja, vanguardia de la nueva revolución de Mao. Los guardias rojos se encargarían de denunciar a profesores, escritores y a cualquier persona del mundo artístico sospechosa de albergar ideas burguesas. Las denuncias no tardaron en convertirse en castigos. Famosos personajes chinos fueron humillados, encarcelados, torturados e incluso asesinados. Cuando las autoridades intentaron restablecer la disciplina, se tildó su actitud de contrarrevolucionaria.

El PCC trató de defenderse asumiendo el control del movimiento. La Guardia Roja enseguida se dividió en facciones hostiles: «conservadores», generalmente hijos de miembros del partido y gente interesada en la pervivencia del orden existente, y los «radicales», de procedencia humilde. Ambos grupos proclamaban su defensa de la Revolución cultural en nombre de Mao. En la crisis se introdujo un elemento de guerra civil, pues en agosto de 1967 las facciones se enfrentaban en verdaderas batallas campales. Mao quería que los radicales conquistasen el poder y encabezasen su revolución. Pero debido a su juventud, estaban poco preparados para ese papel. Además, el creciente caos introducía un elemento de perturbación entre los chinos. Existía el peligro de que la RPC se hundiese.

Con el partido y el Estado paralizados, el único capaz de proporcionar cierta estabilidad era el Ejército de Liberación Popular (ELP). Se desplegaron tropas para proteger servicios esenciales e industrias de la destrucción. Mao quería que el ELP apoyase a los radicales. Pero la mayoría de los comandantes eran hostiles a ellos y preferían armar y apoyar a los conservadores. Los choques entre el ELP y la Guardia Roja radical se extendieron por toda China. La violencia fue especialmente grave en Sichuan, pero en otros muchos lugares los conflictos causaron cientos de miles de muertos y heridos. Sin embargo, después de semejantes perjuicios, Mao no podía permitirse el lujo de dejar que la Guardia Roja la emprendiese contra el ELP. A partir de septiembre de 1967 el ELP restauró poco a poco cierta apariencia de orden en la RPC, por ejemplo, desarmando a facciones beligerantes en Guangxi y Shanxi. Millones de guardias rojos, cuya educación había sido interrumpida y que por tanto carecían de preparación, fueron enviados al campo como peones agrícolas. Pero la Revolución cultural no acabó aquí. Se organizó una caza de brujas de los enemigos de clase, reminiscencia de las purgas de Stalin. Aunque sin el énfasis inicial, se cobró millones de vidas a través de denuncias, confesiones forzadas y castigos brutales.

La Revolución cultural no terminó hasta la derrota de la «Banda de los Cuatro», tras la lucha por el poder que se produjo a la muerte de Mao en 1976. A esas alturas China y el PCC estaban hartos de ella. Mao, con sus esfuerzos por revigorizar el espíritu revolucionario de China, había destruido lo que quedaba de él. Su propia imagen personal resultó muy dañada. El PCC se hallaba dividido y debilitado y había perdido el respeto de los chinos. A partir de entonces, los chinos, más que apoyar al gobierno comunista, lo aguantaron.

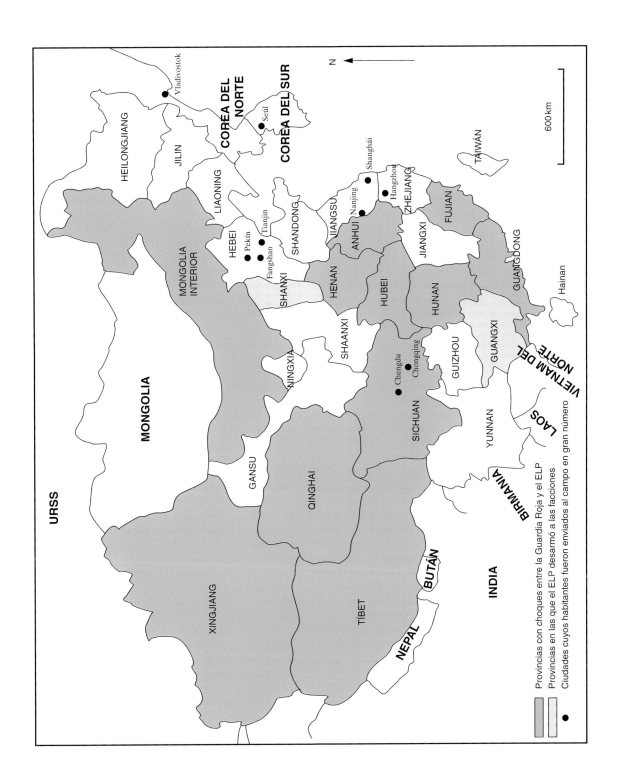

URSS

MONGOLIA

HEILONGJIANG

JILIN

LIAONING

MONGOLIA INTERIOR

Vladivostok

CORÉA DEL NORTE

CORÉA DEL SUR

Seúl

N

600 km

TAIWÁN

SHANDONG

HEBEI
Pekín
Tianjin
Fangshan

SHANXI

NINGXIA

GANSU

QINGHAI

XINGJIANG

TÍBET

NEPAL

BUTÁN

INDIA

BIRMANIA

YUNNAN

LAOS

VIETNAM DEL NORTE

SICHUAN
Chengdu
Chongqing

SHAANXI

HENAN

HUBEI

GUIZHOU

GUANGXI

HUNAN

JIANGXI

JIANGSU
ANHUI
Nanjing
Shanghái
Hangzhou
ZHEJIANG

FUJIAN

GUANGDONG

Hainan

Provincias con choques entre la Guardia Roja y el ELP

Provincias en las que el ELP desarmó a las facciones

Ciudades cuyos habitantes fueron enviados al campo en gran número

Mapa 26. La cultura y la Guerra Fría

La Guerra Fría fue algo más que una simple confrontación política. Cada bando se esforzó incesantemente por demostrar que sus respectivos sistemas eran superiores desde todos los puntos de vista. No resulta sorprendente, por tanto, que la competición alcanzase al mundo de la cultura. La competición cultural es relativamente barata, atrae al gran público y no conlleva riesgo de guerra nuclear. Demostrar que un sistema es más refinado culturalmente, más artístico, más viril, más fuerte o goza de mejor educación equivale a superioridad moral.

Todos los ámbitos de la cultura se movilizaron para combatir en la Guerra Fría. Al cine y la literatura se les exigió muchas veces que sirviesen a las necesidades de los gobiernos. Debían presentar una imagen positiva de su propio sistema y negativa de la oposición. Así se obtenía el apoyo de los ciudadanos del país y se aspiraba a ganar la simpatía de los indecisos de los países neutrales y de la oposición. Las películas y las novelas americanas de la Guerra Fría presentaban la Unión Soviética como un lugar gris, con personas abrumadas por los bajos salarios y las viviendas deplorables, oprimidas por los funcionarios comunistas y ávidas de la libertad y los lujos consumistas de Occidente. Por el contrario, los escritores y cineastas soviéticos ofrecían una imagen de Estados Unidos desgarrado por las divisiones de clase, un desierto cultural en el que el racismo y la pobreza afectaban a la mayoría y donde el crimen y la violencia constituían una forma de vida.

Naturalmente, ambos bandos querían evitar a toda costa que el mensaje equivocado llegase a sus ciudadanos. En Estados Unidos se vio de forma muy clara en las tropelías del Comité de Actividades Antiamericanas, cuya investigación en Hollywood en 1947 pretendía extirpar todas las influencias comunistas que, se decía, estaban envenenando las mentes de los americanos. Como resultado, diez personas fueron a la cárcel y varios cientos sufrieron la destrucción de sus carreras de la manera más injusta y arbitraria.

En la URSS el propósito de la cultura siempre fue servir a la sociedad revolucionaria y estaba fuertemente controlada por el Estado. Aunque se mostraron más discretos que los americanos, el tratamiento que los soviéticos dieron a los inconformistas fue aún más implacable. Varias figuras destacadas fueron asesinadas y otras confinadas en manicomios. A pesar de los rígidos controles, había un ámbito cultural que el Estado no podía mediatizar por completo: la atracción que ejercía la música popular occidental. Los Beatles tenían muchísimos seguidores soviéticos, cosa que disgustaba profundamente a las autoridades, que consideraban su música como celebración de la más torcida inmoralidad comercial.

Ambos bandos aprovecharon todas las manifestaciones de competición cultural internacional para demostrar su superioridad. El enfrentamiento en el Campeonato Mundial de Ajedrez entre Bobby Fischer y Boris Spassky recibió gran cobertura informativa por el mero hecho de que Fischer era americano y Spassky ruso. La victoria de Fischer llenó de júbilo a los americanos a los que no interesaba lo más mínimo el ajedrez. Se consideró una victoria de la Guerra Fría.

Naturalmente, el deporte atrajo mucho más interés. Los dos bandos querían exhibir la destreza física de sus deportistas. En Estados Unidos la resistencia física y moral se consideraban esenciales a la hora de generar una actitud triunfadora en la Guerra Fría. Cualquier acontecimiento deportivo en el que los dos bandos coincidían, se convertía en una batalla en la que estaba en juego el prestigio de la Guerra Fría. Donde más se vio fue en los juegos olímpicos.

En principio, el fin de las olimpiadas era unir a los pueblos y promover el entendimiento internacional, más que la competición. Y lo consiguieron hasta cierto punto. La diminuta e inmensamente popular gimnasta Olga Korbut ofrecía una imagen de la Unión Soviética muy poco amenazante. No obstante, la política siempre estuvo presente en el movimiento olímpico y la Guerra Fría lo politizó aún más. Por ejemplo, había dos Alemanias y dos Chinas, ¿cuáles eran los representantes legítimos de dichas naciones? Se trataba de un asunto de legitimidad internacional para esos países y generó largas y enconadas disputas.

Hasta los juegos de Helsinki (1952), se excluyó a la URSS del movimiento olímpico y de los deportes en general. Stalin estaba convencido de que el equipo soviético acabaría con la dominación americana en los juegos, dominación que se basaba en el atletismo masculino y en la natación femenina, actividades que se fomentaban en las universidades americanas. El equipo soviético llegó a Helsinki dispuesto a competir duramente en casi todas las pruebas. En gimnasia consiguió un triunfo arrollador. Ante los alojamientos de los atletas rusos se colocó un marcador con un sistema de puntuación que demostraba su ventaja sobre los americanos. Por su parte, los americanos calificaron la victoria soviética de «cosa menor» y criticaron el sistema de puntación de los rusos. No obstante, en el Departamento de Estado cundió la alarma y la sorpresa ante la potente exhibición soviética. Al final, no hubo un claro ganador, lo cual bastó para que la URSS proclamase la superioridad de la cultura soviética. A partir de entonces, las olimpiadas se convirtieron en una lucha vital por ganar más medallas y conseguir más récords mundiales.

En conjunto, se puede decir que Estados Unidos tuvo la ventaja en la Guerra Fría cultural. La cultura popular occidental siempre contó con muchos seguidores soviéticos y fue fácilmente accesible. Por el contrario, en Occidente no había verdadero interés por la cultura popular soviética. Los soviéticos, si querían enseñar sus héroes culturales a Occidente, debían permitirles salir de la URSS. Se trataba precisamente de personas que ganaban grandes riquezas quedándose en el oeste. El bailarín Rudolf Nureyev fue uno de muchos desertores. En cambio, los héroes culturales Occidentales no contaban con alicientes que los animasen a desertar al este.

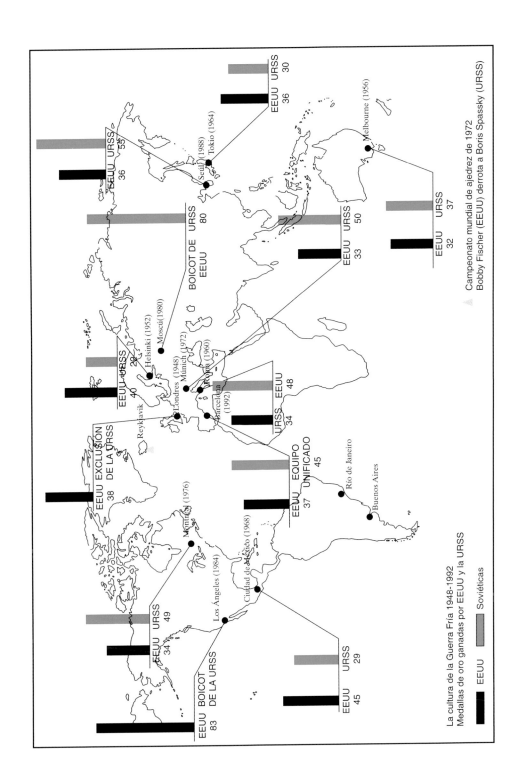

EEUU URSS
30
EEUU 36

Melbourne (1956)

Seúl (1988)
Tokio (1964)

EEUU URSS
55
EEUU 36

BOICOT DE URSS
80
EEUU

EEUU URSS
50
EEUU 33

EEUU URSS
37
EEUU 32

Moscú (1980)
Helsinki (1952)
Múnich (1972)
Londres (1948)
Roma (1960)

EEUU URSS
29
EEUU 40

Barcelona (1992)

URSS EEUU
48
URSS 34

Reykjavik

EEUU EXCLUSIÓN DE LA URSS
38

EEUU EQUIPO UNIFICADO
45
EEUU 37

Río de Janeiro
Buenos Aires

Montreal (1976)

Ciudad de México (1968)

EEUU URSS
49
EEUU 34

Los Ángeles (1984)

EEUU URSS
29
EEUU 45

EEUU BOICOT DE LA URSS
83

La cultura de la Guerra Fría 1948-1992
Medallas de oro ganadas por EEUU y la URSS

◢ Campeonato mundial de ajedrez de 1972
Bobby Fischer (EEUU) derrota a Boris Spassky (URSS)

■ EEUU   ▨ Soviéticas

Mapa 27. El capitalismo contra el comunismo en la década de 1960

Los años cincuenta fueron la década de Eisenhower y Jruschov. Ambos querían reducir el gasto militar y buscaban la distensión y la coexistencia pacífica. Por desgracia, nunca se pusieron de acuerdo en lo que significaba tal cosa. Para Eisenhower implicaba la aceptación del *statu quo* internacional. El mundo comunista debía admitir las fronteras existentes, sin intentos de ampliar su territorio. Para Jruschov significaba que las dos potencias no emprendiesen la guerra, pero tuviesen libertad para competir por el poder y la influencia en el mundo. De esta forma, justificaba la combinación de la distensión con las supuestas reivindicaciones de superioridad en misiles, reivindicaciones a las que dio cierta credibilidad el lanzamiento del *Sputnik* en 1957 y el vuelo espacial de Yuri Gagarin en 1961.

En los años sesenta surgieron nuevos líderes en Estados Unidos: John Kennedy y Lyndon Johnson. Kennedy montó un programa de choque para ampliar las fuerzas de misiles estratégicos de Estados Unidos, a pesar de saber que la balanza era favorable a su país. También amplió las fuerzas convencionales, pues quería que Estados Unidos estuviese en condiciones de responder con flexibilidad a cualquier agresión comunista. Para restablecer la confianza de los americanos en su superioridad tecnológica, autorizó el programa lunar Apolo, escogiendo una carrera que Estados Unidos estaba seguro de ganar ya que la URSS no tenía interés en ella. Jruschov seguía empeñado en la distensión y obtuvo cierto éxito. Ambos líderes se habían visto al borde de la catástrofe durante la crisis de los misiles cubanos. En consecuencia, aceptaron instalar una línea directa de comunicación (la «línea caliente») entre el Kremlin y la Casa Blanca. Los ensayos nucleares comenzaron a realizarse bajo tierra para reducir la contaminación.

Sin embargo, Jruschov no pudo contener la expansión militar de Estados Unidos. La distensión ofendía a los puristas ideológicos, a los partidarios de la línea dura y a los militares de Moscú. Además, las medidas políticas agrarias de Jruschov habían fracasado y las industriales eran muy impopulares. En octubre de 1964 fue postergado por un nuevo liderazgo que se agrupaba en torno a Leonid Bréznev. Convencidos de que la humillación sufrida en Cuba se debía a la debilidad militar, sobre todo a la carencia de potencia naval, emprendieron una fuerte expansión de las fuerzas nucleares y de las convencionales. Había empezado una gran carrera armamentística.

En dicha carrera Occidente tenía todas las ventajas debido a su superioridad tecnológica y económica. Estados Unidos podía gastar mucho más dinero per cápita en armas que la Unión Soviética, manteniendo la presión fiscal en niveles relativamente bajos. Los socios del Pacto de Varsovia no disponían de recursos para contribuir. Ni siquiera estaba muy claro que sus ejércitos pudiesen hacer algo si estallaba la guerra, sobre todo después de la intervención en Praga (1968) (véase mapa 33). Por otro lado, Estados Unidos tampoco estaba muy satisfecho con sus aliados de la OTAN, cuyas inversiones militares eran escasas en relación al tamaño de sus economías colectivas. Aun así, en 1968 el gasto militar conjunto de la OTAN equivalía al PIB de la República Popular China.

Curiosamente, la carrera armamentística no suscitó ninguna crisis, sino que dio lugar a una reducción de la tensión y a menos roces a todos los niveles. El eje de la Guerra Fría se estaba desplazando hacia el mundo subdesarrollado. Cuando los gobiernos coloniales europeos se acabaron, surgieron nuevas naciones, fundamentalmente en África y Asia. Donde las potencias coloniales se resistieron, nacieron ejércitos guerrilleros para expulsarlas. Obviamente, dichos ejércitos recurrían a la Unión Soviética en busca de ideología y armas. La URSS atraía a los Estados recién surgidos, pues no se asociaba con los gobiernos anteriores y mostraba una clara trayectoria antiimperialista. De esta forma, la influencia soviética podía extenderse muchísimo.

En los años sesenta Estados Unidos tuvo que responder a este nuevo desafío de la Guerra Fría. Afortunadamente, la nueva generación de líderes estaba mejor preparada para la tarea que la antigua. Kennedy tenía una perspectiva distinta a la de Eisenhower, que tendía a ver comunismo donde Kennedy veía radicalismo. Este último se mostraba mucho más comprensivo con los líderes del mundo subdesarrollado. Mientras Eisenhower concedía ayuda de muy mala gana, excepto cuando se trataba de ayuda militar para proteger los intereses estadounidenses, Kennedy reconoció la necesidad de ofrecer ayuda al desarrollo e intentó convencer a un Congreso escéptico para que autorizase dicha ayuda. No lo consiguió del todo: las sumas que pidió fueron recortadas y casi siempre se impusieron condiciones, como promesas de no expropiar nunca las inversiones norteamericanas.

Había ciertas zonas en las que Estados Unidos no pudo superar la influencia de la Unión Soviética. Ni Kennedy ni Johnson apoyaron la independencia de Angola, pues ponía en riesgo las costosas bases americanas en las islas Azores portuguesas. Tampoco se hizo nada con respecto al *apartheid* de Sudáfrica porque era férreamente anticomunista. Por el contrario, se apoyó a los dictadores de América Latina hostiles a la Cuba de Castro, con lo cual, los movimientos guerrilleros de dichos países miraron a la Unión Soviética a falta de otra alternativa.

Mucho más desastrosa fue la participación de Estados Unidos en Vietnam. Kennedy dio el primer paso al apoyar la corrupta dictadura de Ngo Dinh Diem, metiéndose en un compromiso muy gravoso. Johnson envió quinientos mil soldados y, a pesar de ello, fracasó. En resumen, Occidente no aprovechó sus ventajas en la década de los sesenta.

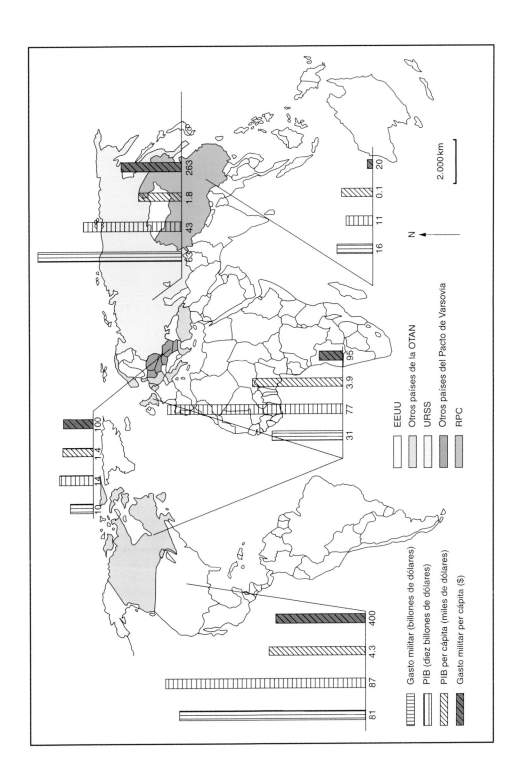

EEUU

Otros países de la OTAN

URSS

Otros países del Pacto de Varsovia

RPC

Gasto militar (billones de dólares)

PIB (diez billones de dólares)

PIB per cápita (miles de dólares)

Gasto militar per cápita ($)

2.000 km

N

Mapa 28. El Cuerpo de Paz

Kennedy, consciente de la necesidad de mejorar la posición de Estados Unidos en el mundo subdesarrollado, muy deteriorada por los acontecimientos de la bahía de Cochinos, puso en práctica un proyecto que se había estudiado durante mucho tiempo: el Cuerpo de Paz. Se empezaría por reclutar voluntarios y enseñarles idiomas y costumbres. Luego, desempeñarían misiones de desarrollo durante tres años, proporcionando servicios de primera necesidad. No eran herramienta directa de la política exterior norteamericana, pero la favorecían haciendo el bien y ofreciendo una imagen positiva de los americanos en los lugares que visitaban. Se consideraba una forma barata de ganar las victorias de la Guerra Fría.

La principal fuente de reclutamiento fueron los estudiantes universitarios, sobre todo los de California y los estados del noreste. A pesar del riguroso programa de selección y entrenamiento, los voluntarios se mostraron ávidos por seguir adelante. El Cuerpo de Paz presentaba, con una aureola romántica, a los americanos dispuestos a soportar duras condiciones para mejorarlas, lo cual causó un gran efecto sobre la imagen que Estados Unidos tenía de sí mismo. En el plazo de seis años, catorce mil quinientos voluntarios sirvieron en quince países. En 2002, ciento sesenta y cinco mil habían servido en ciento treinta y cinco países.

El repaso de los primeros países visitados por los voluntarios da idea de las prioridades de Estados Unidos. Había una fuerte concentración en América del Sur. Prácticamente todos los países de la zona recibieron voluntarios, con la notable excepción de Cuba. En África y Asia hubo cierta preferencia por las antiguas colonias británicas, seguramente por consideraciones idiomáticas. Pero ése no es el cuadro completo. El propósito consistía en extender las actividades del Cuerpo de Paz por el mundo no comunista en vías de desarrollo. Sin embargo, muchos países se mostraron renuentes en principio a aceptar a los voluntarios. Gran parte de los Estados islámicos se negaron a admitirlos a menos que les diesen garantías de que entre ellos no había judíos. El Cuerpo declinó hacer semejante discriminación y, por tanto, esas naciones nunca acogieron voluntarios.

Pero surgieron problemas aún más graves a la hora de convencer a los países para que aceptasen a los voluntarios. La Unión Soviética denunció al Cuerpo de Paz como frente de la CIA, y muchos países subdesarrollados lo creyeron. Puesto que Eisenhower había utilizado a la CIA para derribar regímenes que le parecían inaceptables, los voluntarios suscitaron comprensibles reservas en un primer momento. El gobierno afgano quería contar con ellos siempre que no comprometiesen su neutralidad, pero la Unión Soviética insistió en que Afganistán aceptase a sus Jóvenes Pioneros como contrapunto. El país podía acabar lleno de extranjeros, aunque no se dio el caso. Sin embargo, tales reticencias estaban muy extendidas. A un nivel más práctico, había mucho escepticismo en las naciones en vías de desarrollo sobre la capacidad de los americanos jóvenes, ricos y privilegiados para soportar duras condiciones y para introducir mejoras.

A pesar de las dudas el Cuerpo de Paz inició sus operaciones en Myanmar (Birmania), Ghana, India, Indonesia, Malasia, Nigeria, Pakistán, Filipinas y Tailandia. En general, el modelo seguido fue dedicar el Cuerpo de la Paz principalmente a tareas de enseñanza en Asia y África. En América del Sur se concentró sobre todo en la ejecución de proyectos de desarrollo comunitario en zonas deprimidas urbanas y rurales. Por tanto, a pesar de la imagen romántica, la mayoría de los voluntarios ejercieron de profesores de inglés, viviendo cómodamente, al menos en comparación con la gente entre la que trabajaban.

Naturalmente, las experiencias de los voluntarios fueron muy diversas y las generalizaciones deben mirarse con cautela. Sin embargo, se pueden extraer ciertas conclusiones sobre su impacto. Los maestros encontraron dificultades inesperadas a la hora de enfrentarse a tradiciones y costumbres locales. En Afganistán la educación se basaba tradicionalmente en el sagrado Corán y en el aprendizaje memorístico. Los líderes religiosos se opusieron a los extranjeros que podían enseñar creencias antiislámicas, tanto cristianas como comunistas. Por otro lado, para que los estudiantes aprobasen era habitual recurrir al soborno o a la intimidación. En Somalia había una larga tradición de huelgas estudiantiles y las autoridades locales se mostraban reacias a apoyar a profesores extranjeros que acababan mezclándose en los conflictos. En Sierra Leona se consideraba a los profesores extranjeros prueba de la permanente dependencia del país. Se creía también que los voluntarios eran profesores incompetentes que no habían conseguido trabajo en su propio país. Aunque la URSS no ofreció alternativa al Cuerpo de Paz, es importante subrayar que Cuba y la República Popular China sí lo hicieron, y sus voluntarios se sometían a las mismas condiciones vitales que los pueblos locales, lo cual causaba más efecto que la actitud del Cuerpo de la Paz.

Sin embargo, sería inexacto hacer un retrato demasiado negativo del Cuerpo de Paz. Los voluntarios mostraban gran dedicación y trabajaban mucho, casi siempre en circunstancias difíciles, para ayudar a los pueblos a los que habían sido enviados. Escuelas, hospitales, establecimientos de salud pública, cooperativas rurales y otros muchos proyectos se beneficiaron de forma significativa gracias a ellos. Sus resignados esfuerzos obtuvieron resultados. En muchos antiguos territorios coloniales ofrecieron una imagen totalmente distinta de los occidentales. Su trabajo, sin proselitismo político, se granjeó el aprecio y fomentaron la amistad con Estados Unidos. Debido a que nunca se pusieron abiertamente al servicio de la política exterior estadounidense, hicieron mucho por mejorar la posición de su país en el mundo en vías de desarrollo.

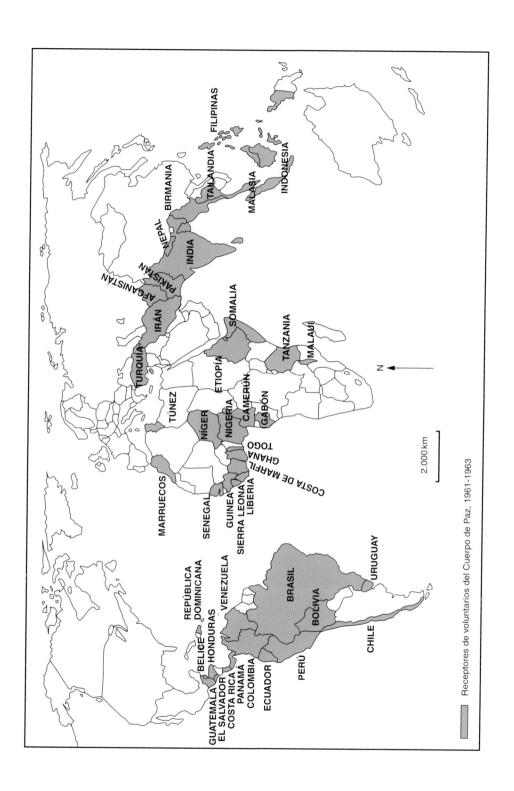

FILIPINAS
TAILANDIA
BIRMANIA
NEPAL
INDIA
PAKISTÁN
AFGANISTÁN
IRÁN
TURQUÍA
MALASIA
INDONESIA
SOMALIA
TANZANIA
MALAUI
ETIOPÍA
TÚNEZ
CAMERÚN
NÍGER
NIGERIA
GABÓN
MARRUECOS
SENEGAL
GUINEA
SIERRA LEONA
LIBERIA
COSTA DE MARFIL
GHANA
TOGO
N
2.000 km
REPÚBLICA
DOMINICANA
BELICE
HONDURAS
VENEZUELA
BRASIL
URUGUAY
BOLIVIA
GUATEMALA
EL SALVADOR
COSTA RICA
PANAMÁ
COLOMBIA
ECUADOR
PERÚ
CHILE

Receptores de voluntarios del Cuerpo de Paz, 1961-1963

Mapa 29. Sudeste Asiático: división y guerra

La caída de Francia en 1940 supuso el principio del fin del Imperio colonial francés. Los japoneses estaban deseando aprovecharse de la debilidad francesa y exigieron que se les permitiese acantonar tropas en Indochina. En 1945, ante la inminente derrota, los japoneses intentaron ganarse el apoyo vietnamita eliminando al gobierno colonial francés y proclamaron el Vietnam independiente, representado por la antigua dinastía imperial vietnamita: Bao Dai. Casi nadie se llamó a engaño ante lo que era una clara tapadera del dominio japonés. Sin embargo, animó a los nacionalistas vietnamitas en su afán de conseguir la verdadera independencia.

El movimiento de liberación nacional vietnamita, conocido coloquialmente como Vietminh, consiguió apoyos. Los comunistas vietnamitas lideraban el movimiento, aunque procuraron proyectar una imagen moderada. El Vietminh organizó un considerable ejército guerrillero y se preparó para subir al poder cuando Japón fuese derrotado. Se granjeó el apoyo popular con la promesa de atender a la necesidad más apremiante de Vietnam: la reforma de la tierra. Un gran número de campesinos sin tierra pagaban rentas escandalosas a terratenientes absentistas. La pobreza rural constituía un tremendo mal social. El líder comunista del Vietminh, Ho Chi Minh, disfrutaba de un enorme prestigio.

Los franceses querían restablecer el gobierno colonial. De hecho, recuperaron el control sobre los puertos principales y los centros urbanos. Pero el Vietminh tenía más fuerza en el campo, sobre todo en el norte. Ambos bandos intentaron negociar, pero los franceses no colmaban las aspiraciones del Vietminh. En diciembre de 1946 estalló una guerra que acabaría prologándose treinta años.

Bajo la presión de Estados Unidos, los franceses optaron finalmente por hacer un último esfuerzo para derrotar al Vietminh: el «Plan Navarre», según el cual procederían a ocupar rutas de comunicación vitales en el norte para dejar al Vietminh sin suministros. Como parte del plan, paracaidistas franceses ocuparon el valle de Dien Bien Phu en noviembre de 1953. El comandante del Vietminh, el general Giap, decidió destruirlos. Los franceses, ante una batalla decisiva, enviaron refuerzos al valle. Los oficiales franceses ignoraron las advertencias sobre la falta de condiciones del terreno para enfrentarse en una gran batalla y no detectaron el nivel del potencial del Vietminh, sobre todo en artillería y cañones antiaéreos.

El ataque sorprendió totalmente a los franceses, cuyas tropas quedaron enseguida aisladas y rodeadas dentro de un perímetro cada vez más reducido. Tras enormes pérdidas por ambos lados, el Vietminh asaltó el centro de mando francés el 7 de mayo de 1954. Los franceses se rindieron ante la masacre. Muchos murieron en cautiverio. Tras esto, los norteamericanos no pudieron convencer de ningún modo al gobierno francés para que no se retirase. En Ginebra se convocó una conferencia internacional para tratar de la región a pesar de las enérgicas protestas de Estados Unidos.

Estados Unidos se enfrentaba a un serio dilema. La opinión americana no apoyaría una intervención directa cuando aún estaba reciente la Guerra de Corea. Sus aliados, en particular Inglaterra, no se mostraban dispuestos a que interviniese una coalición internacional. Muchos observadores estadounidenses estaban seguros de la victoria y afirmaban que, si bien la tarea no era imposible, el ejército francés carecía de nivel. Las tropas estadounidenses podrían encargarse del Vietminh en pocos meses.

Como esto resultaba políticamente impensable, los norteamericanos tuvieron que conformarse con conseguir que el acuerdo de Ginebra fuese aceptable. La presión dio lugar a un mal acuerdo. Laos, Camboya y Vietnam obtuvieron la independencia, pero debían mantenerse neutrales y se les prohibía adherirse al sistema de alianzas de la Guerra Fría. Vietnam se dividió temporalmente por medio del paralelo diecisiete. El gobierno del Vietminh gobernaría el norte y el régimen afín a Occidente el sur. En 1956 se celebrarían elecciones en todo el país para elegir un único gobierno vietnamita. Como el tratado reconocía incluso una victoria reducida de los comunistas, el gobierno americano se negó a firmarlo.

Cuando resultó evidente que el Vietminh ganaría las elecciones en todo Vietnam, no se convocaron. Y como alternativa, Estados Unidos decidió crear un estado separado en Vietnam del Sur, lo cual no parecía fácil. El líder que se presentó, Ngo Dinh Diem, no era precisamente un adalid de la democracia. Despótico, brutal, corrupto y reaccionario, carecía de dotes para ganarse el apoyo popular. Su régimen no sólo ignoró la necesidad de la reforma de la tierra, sino que la anuló donde el Vietminh la había implantado. El régimen de Diem dependía totalmente de la ayuda americana, pero no aceptó la sugerencia de llevar a cabo reformas. El campesinado empezó a armarse a instancias de los comunistas de Vietnam del Sur, más conocidos como Vietcong.

En Vietnam del Norte surgió un estado monopartidista viable y bastante popular. En cambio, la viabilidad de Vietnam del Sur siempre resultó dudosa. En 1961 se calculaba que doce mil guerrilleros del Vietcong luchaban contra una fuerza regular de doscientos mil hombres, equipados por los americanos, pero totalmente carentes de entusiasmo. El Vietcong obtuvo varias victorias y afianzó su dominio en la mitad de las zonas rurales. Cuanta más ayuda y asesoramiento militar enviaba Estados Unidos, más se hundía el prestigio norteamericano, dañado por el derrumbamiento de Vietnam del Sur. En Washington empezó a hablarse de los compromisos que Estados Unidos debía asumir para salvar a Vietnam del Sur.

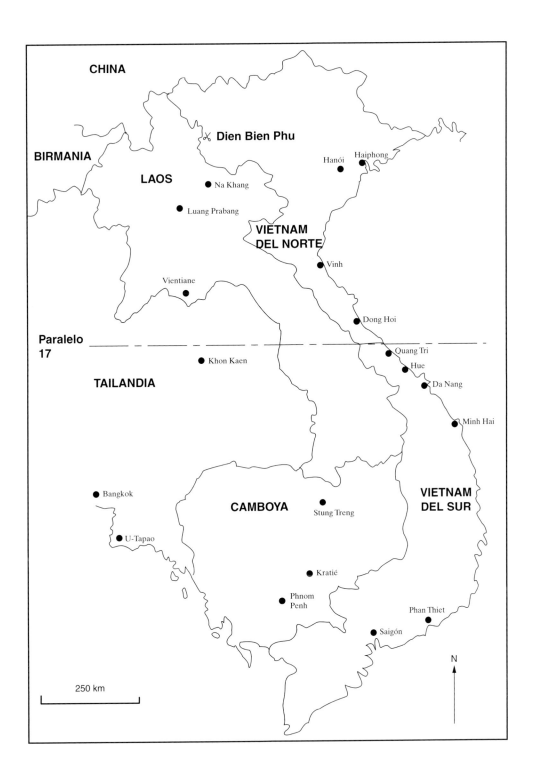

CHINA

BIRMANIA

LAOS

Dien Bien Phu

Hanói

Haiphong

Na Khang

Luang Prabang

VIETNAM
DEL NORTE

Vientiane

Vinh

Dong Hoi

Paralelo
17

Khon Kaen

Quang Tri

Hue

TAILANDIA

Da Nang

Minh Hai

Bangkok

CAMBOYA

Stung Treng

VIETNAM
DEL SUR

U-Tapao

Kratié

Phnom
Penh

Phan Thiet

Saigón

250 km

N

Mapa 30. Sudeste Asiático: intervención estadounidense

En 1961 la política estadounidense en Vietnam era un caos. Vietnam del Sur parecía incapaz de sobrevivir por sus propios medios. A pesar de la generosa ayuda americana, no se habían hecho reformas esenciales, sobre todo la de la tierra. El ejército del sur no tenía nada que hacer frente a la guerrilla del Vietcong. El gobierno de Diem era despótico, corrupto y nadie lo quería. Se estaba convirtiendo en insostenible. Pero Kennedy no estaba dispuesto a tolerar más victorias comunistas en el Sudeste Asiático.

¿Qué podía hacer Estados Unidos para salvar a Vietnam del Sur? Kennedy ya había enviado muchos más asesores militares de los que contemplaba el tratado, pero no llegaba con eso. Las sugerencias de formar una coalición internacional para intervenir chocaron con una gélida recepción en Europa. Si Estados Unidos quería intervenir, tendría que hacerlo en solitario. El compromiso potencial era ilimitado.

Kennedy aún creía que se podía ganar. Los ingleses habían derrotado a la guerrilla comunista en un territorio similar en Malasia (véase mapa 15). Mediante aldeas estratégicas habían separado al campesinado de los guerrilleros, que poco a poco se hundieron. Estados Unidos dio grandes sumas de dinero al gobierno de Diem para que hiciese lo mismo. Pero los fondos americanos se despilfarraron casi por completo, y donde se construyeron aldeas, las condiciones eran tan deplorables que acabaron por alinearse con el Vietcong.

Por fin, Kennedy admitió que Diem nunca organizaría un gobierno aceptable y autorizó su destitución. Los sucesores de Diem no fueron mejores y la estabilidad política de Vietnam del Sur desapareció hasta el liderazgo de Nguyen Van Thieu en 1967. El sucesor de Kennedy, Johnson, se encontró con un Vietnam del Sur a punto de desintegrarse. Sólo un gran apoyo de Estados Unidos podía salvarlo. En agosto de 1964 patrulleras norvietnamitas atacaron al navío estadounidense *Maddox* cuando entró en sus aguas territoriales del golfo de Tonkín. Irónicamente, no hubo respuesta, pero un segundo ataque, en realidad imaginario, que registró el radar y que sólo era una borrasca sí mereció respuesta. Johnson lo describió como una agresión sin provocación previa y utilizó el incidente para justificar los ataques aéreos contra Vietnam del Norte. También lo utilizó para que el Congreso dictase la «Resolución del golfo de Tonkín», que le daba carta blanca para manejar la situación.

Se abría así la vía para un compromiso militar de gran alcance con Vietnam del Sur. En marzo de 1965 se lanzó contra el norte la Operación Trueno Arrollador, una importante campaña aérea. En abril se enviaron cuarenta mil soldados. Pero hubo que esperar a julio para que Johnson anunciase formalmente que Estados Unidos se hallaba en guerra. La misión no tardó en volverse frustrante. Los soldados desmoralizados y mal dirigidos de Vietnam del Sur estaban deseando retroceder y dejar que los americanos se encargasen de luchar.

Estaba también la delicada cuestión de cómo iba a ganar la guerra Estados Unidos. Una opción consistía en recuperar el programa de aldeas estratégicas y construir un estado aceptable en Vietnam del Sur. Pero ganarse los «corazones y las mentes» de los campesinos era un proyecto a largo plazo. Los estadounidenses querían una victoria rápida. Además, no estaban acostumbrados a las guerras de ese tipo; sus ejércitos siempre habían recurrido al poder de las armas. La solución más obvia parecía la de localizar a los enemigos y destruirlos. Se desviaron fuerzas especiales de las aldeas estratégicas a misiones de «búsqueda y destrucción», lo cual tendría graves consecuencias.

Las misiones de «búsqueda y destrucción» eran difíciles y peligrosas. El único criterio de éxito consistía en contar los cuerpos, el número de soldados del Vietcong muertos. Pero los oficiales americanos enseguida asumieron que cualquier vietnamita muerto era un guerrillero legítimamente ejecutado, cosa que contribuyó a deshumanizar a los vietnamitas ante los soldados americanos. Esto, unido al temor a un terrible enemigo, imposible de identificar, engendró odio contra el pueblo que los americanos habían ido a proteger. Hubo numerosos incidentes desagradables, el más famoso la masacre de quinientos campesinos en My Lai en 1968. My Lai y el ridículo castigo impuesto al teniente William Calley escandalizaron a los vietnamitas, al mundo y a la opinión pública norteamericana. Al optar por una victoria militar, los norteamericanos habían sufrido una derrota política.

Otra consecuencia de la estrategia de Estados Unidos fue la frustración de su fracaso. No se pudo vencer al Vietcong, que sustituía sus pérdidas enseguida y nunca llegó a separarse realmente del campesinado survietnamita. Los norteamericanos habían supuesto que el Vietcong sólo sobreviviría con el apoyo de Vietnam del Norte. En realidad, Vietnam del Norte apoyaba al Vietcong de forma muy limitada. Pero Estados Unidos quería creer en la posibilidad de obtener una victoria militar y decidió que, si no podía impedir que los norvietnamitas apoyasen al Vietcong, los derrotaría. Era imposible pensar en una invasión del Vietnam del Norte, pues invitaría a los chinos a intervenir, como había ocurrido en Corea. La opción más realista parecía la de bombardear el norte hasta su rendición.

En realidad, Vietnam del Norte ya contaba con la amenaza y decidió no intimidarse. Una gran campaña de bombardeos no logró su propósito, pues el Vietcong recibió aún más apoyo a través de la ruta Ho Chi Minh. Con ayuda de la URSS y de la RPC (uno de los poquísimos asuntos en los que cooperaron), las defensas aéreas de Vietnam del Norte se reforzaron y Estados Unidos sufrió cuantiosas pérdidas. La ferocidad de la campaña estadounidense suscitó la repulsa internacional. En ese momento Estados Unidos aparecía como un gigante ciego de rabia golpeando a diestro y siniestro por pura frustración. En 1967 la guerra había llegado a un punto muerto.

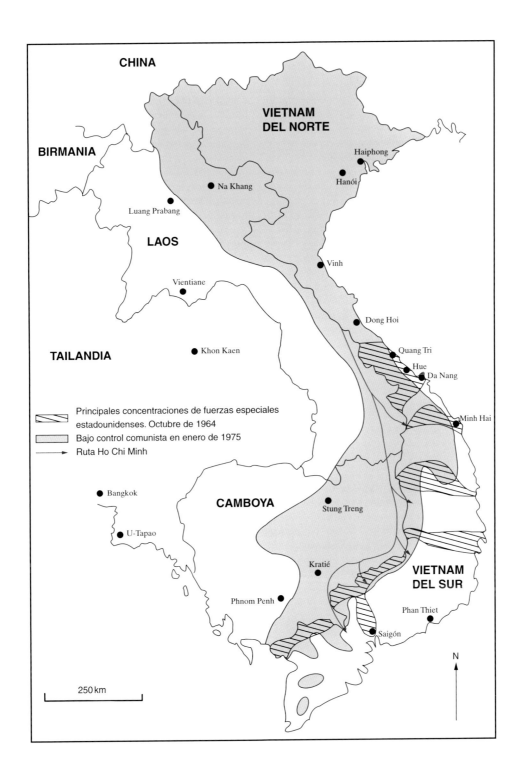

CHINA

VIETNAM
DEL NORTE

BIRMANIA

● Haiphong

● Na Khang

● Hanói

● Luang Prabang

LAOS

● Vinh

● Vientiane

● Dong Hoi

TAILANDIA

● Khon Kaen

● Quang Tri

● Hue

● Da Nang

Principales concentraciones de fuerzas especiales
estadounidenses. Octubre de 1964

● Minh Hai

Bajo control comunista en enero de 1975

Ruta Ho Chi Minh

● Bangkok

CAMBOYA

● Stung Treng

● U-Tapao

● Kratié

VIETNAM
DEL SUR

● Phan Thiet

● Phnom Penh

● Saigón

N

250 km

Mapa 31. Sudeste Asiático: la caída del sur

En 1967 la guerra se hallaba en un punto muerto. Sin embargo, el Vietcong quería acabar con esa situación. En enero de 1968 lanzó la Ofensiva del Tet: el Vietcong realizó una serie de ataques coordinados en todas las ciudades de Vietnam del Sur. Hubo enfrentamientos incluso en los terrenos de la embajada de Estados Unidos en Saigón. Fue un golpe sorprendente para los americanos, que creían que sus fuerzas estaban ganando en Vietnam del Sur.

El Vietcong pretendía sumir en el caos a Vietnam del Sur y obligar a Estados Unidos a retirarse. Pero, en realidad, lo que se produjo fue una gran victoria estadounidense que casi le cuesta la destrucción total al Vietcong. A partir de entonces, los más afectados por la guerra serían los norvietnamitas. Políticamente, fue otra derrota estadounidense. La opinión pública de Estados Unidos se volvió contra una guerra en la que parecía imposible vencer. El país empezó a buscar formas de salir del Vietnam. La respuesta inmediata fue la «vietnamización»: la retirada de los soldados americanos, dejando que se encargasen de la lucha los survietnamitas. Asimismo, Estados Unidos aceptó abrir negociaciones de paz con Vietnam del Norte en París.

En noviembre de 1968 resultó elegido presidente de Estados Unidos Richard Nixon, que había prometido un «plan secreto» para acabar con la guerra. En realidad, el plan consistía en mejorar las relaciones con Moscú y Pekín que, a cambio, presionarían a Hanói para que aceptase condiciones razonables. Naturalmente, esto significaba reconocer a la RPC y entregarle el asiento de Taiwán en el Consejo de Seguridad de Naciones Unidas, pero Nixon estaba dispuesto a pagar ese precio. Por otro lado, también Moscú y Pekín deseaban mejorar las relaciones y estaban decididos a presionar a Vietnam del Norte.

Por desgracia para Estados Unidos, el mundo comunista no era el bloque monolítico que se había pintado durante mucho tiempo. La URSS y la RPC sólo podían ejercer una presión limitada sobre Vietnam del Norte. Y naturalmente, no podían obligar a Hanói a aceptar condiciones desfavorables. Vietnam del Norte exigió la inmediata retirada de Estados Unidos, el fin de la ayuda a Vietnam del Sur y un nuevo gobierno survietnamita, elegido con justicia y dispuesto a negociar la unificación de Vietnam. Estados Unidos exigió la retirada conjunta americana y norvietnamita de Vietnam del Sur, que (junto con Laos y Camboya) debía sobrevivir como estado seguro, independiente y afín a Occidente. En resumen, Estados Unidos quería conseguir todos sus objetivos bélicos en la mesa de negociación, ignorando los éxitos y sacrificios norvietnamitas. Las negociaciones enseguida llegaron a un punto muerto, como la guerra.

Los enfrentamientos continuaron, pero con el propósito de obligar a la oposición a hacer concesiones en la negociación. Para ello, en marzo de 1969 Nixon tomó una nefasta decisión: ordenó que la guerra se extendiese a Camboya. Los bombarderos esta-dounidenses B52 empezaron por atacar las bases norvietnamitas próximas a la frontera. Los norvietnamitas respondieron internándose en Camboya, y los norteamericanos los siguieron, invadiendo el país con soldados de infantería. Camboya sufrió un impacto catastrófico. El campo fue arrasado, masas de refugiados huyeron y los jemeres rojos organizaron un gran ejército que controlaba la mayor parte del país. En Estados Unidos hubo furiosas manifestaciones antibélicas. Las negociaciones de París no se vieron afectadas.

En marzo de 1972 Vietnam del Norte provocó un nuevo impacto al lanzar una invasión a gran escala al otro lado del paralelo diecisiete. Los tanques apoyaron a doscientos mil soldados en una ofensiva que constituyó una absoluta sorpresa. Los soldados survietnamitas se hundieron y huyeron al sur, aterrorizados. La facilidad del avance extrañó a los norvietnamitas, que dudaron. Esto permitió a la fuerza aérea estadounidense realizar un contraataque brutal que evitó la desintegración total de Vietnam del Sur.

Las negociaciones de París avanzaban con una lentitud lacerante. En octubre de 1972 se redactó un borrador de acuerdo, pero el presidente Thieu de Vietnam del Sur lo rechazó. Nixon intentó obtener más concesiones dando un paso que no se había dado hasta el momento: el bombardeo masivo de Hanói. El Congreso, hostil a la medida, recortó la financiación de la guerra y Nixon tuvo que obligar a Thieu a aceptar las condiciones que firmase Estados Unidos.

El 23 de enero de 1973 Vietnam del Norte y Estados Unidos firmaron un acuerdo de paz. No habría gobiernos seguros y afines a Occidente en Vietnam del Sur, Laos y Camboya. Los dos últimos países ni siquiera se mencionaban, y los insurgentes de Pathet Lao y de los jemeres rojos continuaron con sus propias guerras. Estados Unidos intensificó el bombardeo de Camboya. En Vietnam del Sur se acordó un «alto el fuego» que permitió a las fuerzas norvietnamitas y del Vietcong quedarse y administrar el territorio de Vietnam del Sur que controlaban.

En resumen, la viabilidad de Vietnam del Sur como estado soberano era aún más dudosa que antes de la intervención de Estados Unidos. Sólo la ayuda americana y la amenaza de una nueva intervención daban cierta seguridad a Thieu. A principios de 1975 atacaron los norvietnamitas, y Vietnam del Sur se derrumbó en cuestión de semanas. A pesar de que se hallaba en juego la credibilidad de la Guerra Fría, Estados Unidos no hizo nada. Mientras, los gobiernos prooccidentales de Laos y Camboya, también abandonados por Estados Unidos, cayeron con igual velocidad. En Camboya las verdaderas matanzas estaban a punto de empezar con el régimen asesino de Pol Pot. A pesar de los millones de vidas perdidas y de los billones de dólares gastados, toda Indochina se hallaba gobernada por comunistas. Estados Unidos había sufrido la derrota más humillante de la Guerra Fría.

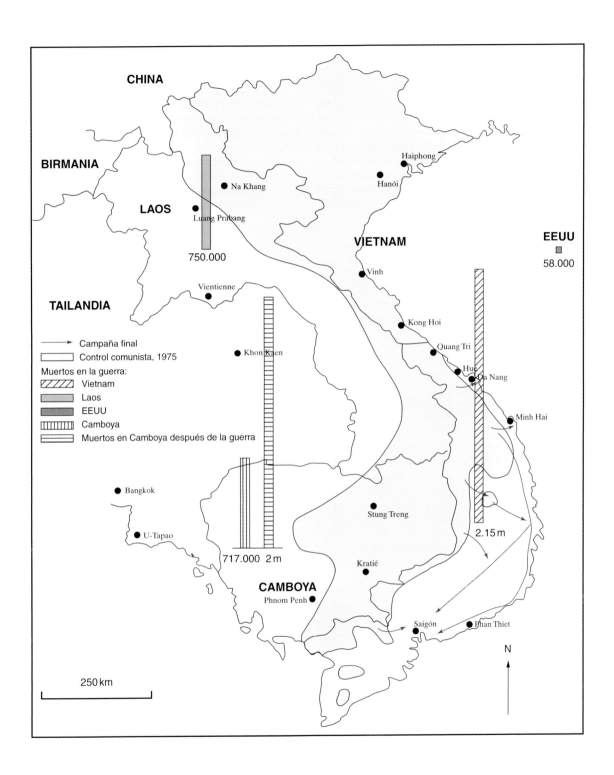

CHINA

BIRMANIA

LAOS

● Na Khang

●
Luang Prabang

750.000

TAILANDIA

Vientienne ●

Campaña final
Control comunista, 1975
Muertos en la guerra:
Vietnam
Laos
EEUU
Camboya
Muertos en Camboya después de la guerra

● Khon Kaen

● Bangkok

● U-Tapao

717.000 2 m

CAMBOYA

Phnom Penh ●

250 km

Haiphong ●

Hanói ●

VIETNAM

EEUU

58.000

Vinh ●

Kong Hoi ●

Quang Tri ●

Hue ●
● Da Nang

● Minh Hai

Stung Treng ●

2.15 m

Kratié ●

Saigón ●   ● Phan Thiet

N

Mapa 32. *El movimiento no alineado*

Conseguir aliados y amigos en el mundo en vías de desarrollo era una estratagema obvia de la Guerra Fría que interesaba a los dos bandos. Los países en vías de desarrollo poseían materias primas vitales y bases estratégicas. Y sobre todo, cuantos más aliados se tuviesen, más daba la impresión de victoria, y las impresiones eran fundamentales en la Guerra Fría. Sin embargo, había un elemento de frustración: las naciones en vías de desarrollo tenían sus propias necesidades y prioridades. No estaban dispuestas a aceptar dócilmente el papel de jugadores novatos en la confrontación este-oeste.

El movimiento no alineado fue fruto de la Guerra Fría. Como consecuencia de la Guerra de Corea y del acuerdo de 1954 de Ginebra sobre Indochina, varios líderes asiáticos se reunieron en Colombo. Sus naciones habían logrado la independencia poco antes, y querían protegerla. La forma más segura de arriesgarla era permitir que sus países fuesen utilizados como campos de batalla de la Guerra Fría. Sus conversaciones culminaron en la Conferencia de Bandung (1955), que estableció el movimiento no alineado. Los países no alineados querían mantener la neutralidad en la Guerra Fría y defender de forma colectiva sus intereses comunes.

A mediados de los años setenta el movimiento no alineado representaba casi a un billón de personas de cien países. Celebraba conferencias regulares en las que se debatían temas como la igualdad racial y política, la pobreza y la paz mundial. Sus resoluciones ofendían y enojaban con frecuencia a Occidente. Enseguida quedó claro que a Occidente le resultaba más difícil que a la Unión Soviética aceptar esa neutralidad, pues consideraba que dicha postura favorecía al comunismo por defecto. En 1956 el secretario de Estado norteamericano, John F. Dulles, calificó a los no alineados de «miopes» e «inmorales».

Las prioridades del movimiento no alineado entraron en conflicto con Occidente. Los líderes de dicho movimiento se veían a sí mismos como los árbitros naturales entre el este y el oeste. El líder indio Jawaharlal Nehru afirmó que el movimiento podía jugar un papel positivo en el mantenimiento de la paz y la consecución del desarme, pues estaba por encima de las rivalidades de los dos bloques. Sin embargo, Occidente adivinaba en esa postura una clara inclinación procomunista.

En momentos de crisis, Occidente se enfurecía cuando el movimiento parecía decantarse por la Unión Soviética. En la Asamblea General de Naciones Unidas –la plataforma más importante del movimiento no alineado–, se denunció repetidamente y en términos muy duros la invasión anglofrancesa de Egipto en 1956. La brutal represión de la revolución húngara por parte de la URSS, en la misma época (mapa 18), fue tratada con mucha mayor benevolencia. India se abstuvo de votar la condena de las acciones soviéticas. A Nehru y a otros líderes del movimiento no alineado se les tildó de ingenuos en el mejor de los casos. En realidad, había

un elemento de realismo en los actos del movimiento. Occidente era más proclive a hacer concesiones en las crisis. Si así se evitaba la guerra, al movimiento se le antojaba un bajo precio. Con respecto a Hungría, era evidente que la URSS no se iba a doblegar ante una condena de Naciones Unidas. Al contrario, el odio abierto contra los que la condenasen destruiría las esperanzas de los no alineados de ejercer como árbitros. Por tanto, resultaban inútiles las censuras. En el tema de Egipto, Inglaterra y Francia respetaban el papel de Naciones Unidas y, en consecuencia, fueron censuradas.

Había otra razón para que Occidente recibiese tantas críticas: al mundo en vías de desarrollo le importaba más el anticolonialismo que la Guerra Fría. Las humillaciones de los gobiernos coloniales eran recientes y resultaban dolorosas para las naciones que acababan de alcanzar la independencia. Por tanto, les atraía una postura en política exterior que subrayase su separación de los antiguos gobiernos coloniales. La Unión Soviética tenía fama de anticolonialista. También ejercía la represión, pero principalmente con europeos del este, lejanos y blancos. Por su parte, Estados Unidos se había mostrado opuesto al colonialismo. Pero sus principales aliados habían sido, o seguían siendo, potencias coloniales, cuyos intereses debían protegerse.

Se criticaba cualquier cosa que hiciese Estados Unidos y que oliese a imperialismo. La bahía de Cochinos, la campaña por la independencia de Puerto Rico y la Guerra de Indochina fueron tres ejemplos en los que el movimiento censuró severamente a Estados Unidos. Además, el movimiento utilizó sus votos en Naciones Unidas para imponer acciones antiimperialistas en Occidente. En 1970, junto con la URSS, el movimiento tenía mayoría en el Consejo de Seguridad e intentó obligar por medio de una votación a Inglaterra a derribar el régimen ilegal y racista de Rodesia (actual Zimbabue), algo que sobrepasaba la capacidad británica. Estados Unidos tuvo que utilizar su derecho a veto por primera vez, ganándose a cambio renovados reproches.

El movimiento no alineado parecía muy antioccidental. En muchos aspectos lo era, pero no por ser anticomunista. Las naciones en vías de desarrollo querían disfrutar de la riqueza como en Occidente. Por otro lado, no había una férrea unidad en el movimiento. A la hora de competir por ayuda, sus miembros se dividieron. A Estados Unidos le preocupaba que la atracción de la neutralidad pudiese destruir la OTAN. Resultó perturbador el hecho de que Portugal asistiese a la conferencia de 1976 como invitado, que solía ser el primer paso para hacerse miembro. Pero en un análisis global se ve que el movimiento sólo representaba las aspiraciones de los más pobres y únicamente influiría en la política de las grandes potencias si éstas lo permitían. En el transcurso y el desenlace de la Guerra Fría, esa influencia no se produjo.

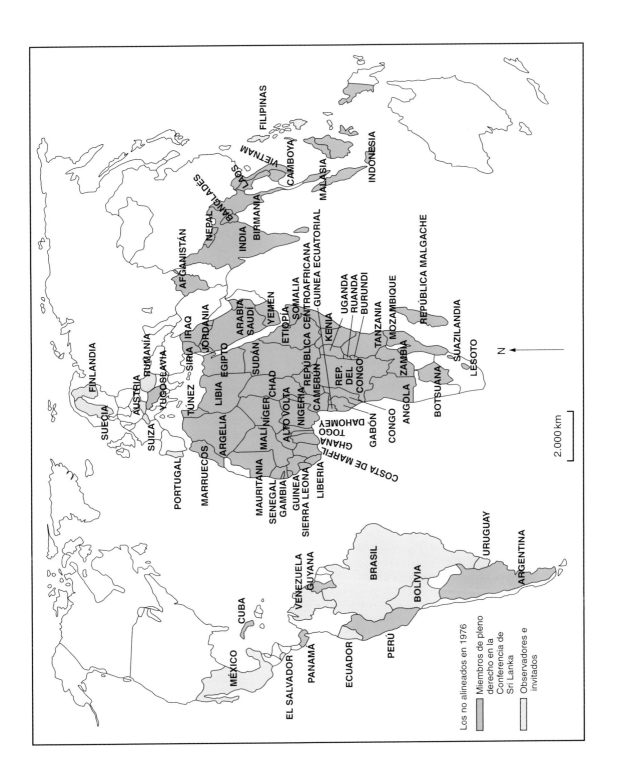

Los no alineados en 1976

Miembros de pleno
derecho en la
Conferencia de
Sri Lanka

Observadores e
invitados

2.000 km

N

Mapa 33. La Primavera de Praga

Los años sesenta fueron una época de bastante incertidumbre para la Unión Soviética y los países del Pacto de Varsovia. El liderazgo soviético que sustituyó a Jruschov en 1964 no sabía cómo responder a la hostilidad de Occidente y de la RPC. Los disidentes intelectuales y nacionalistas constituían una creciente fuente de irritación. La unidad del Pacto de Varsovia se hallaba en entredicho debido a la postura cada vez menos cooperativa de Rumanía. El hecho en sí apenas suponía una pérdida militar, pero si otros países seguían su ejemplo, el problema se agravaría.

Y por ello, Moscú contempló con temor y dudas la crisis que estaba viviendo Checoslovaquia, el único país del Pacto de Varsovia con una fuerte tradición democrática popular. El estancamiento económico y las exigencias de Eslovaquia de una respuesta a su tradicional aspiración a la autonomía suscitaron un amplio movimiento de reclamación de reformas políticas. En 1967 los intelectuales y los estudiantes expresaron abiertamente dicha reclamación. Pero numerosos miembros del Partido Comunista de Checoslovaquia estaban de acuerdo con ellos.

Moscú aceptó la necesidad de cambios. El líder del Partido Comunista de Checoslovaquia, Antonín Novotný, era un estalinista recalcitrante cuyo régimen centralista tenía la culpa de los problemas económicos, algo en lo que coincidían los checoslovacos y Moscú. Por eso, la Unión Soviética no puso objeciones cuando el Partido Comunista de Checoslovaquia destituyó a Novotný en enero de 1968 y lo sustituyó por Alexander Dubček, al que se consideraba un comunista leal. Dubček emprendió un programa de reformas que no tardaron en alarmar a los soviéticos y a otros regímenes del Pacto de Varsovia.

Cuando el movimiento reformista progresó bajo el lema «Socialismo con rostro humano», el nerviosismo se agravó. Dubček no pretendía amenazar la seguridad soviética ni abandonar el Pacto de Varsovia. Tampoco quería que el Partido Comunista perdiese el control de Checoslovaquia. Sin embargo, deseaba revigorizar la economía mejorando las relaciones comerciales con el oeste. Habló de normalizar las relaciones con Alemania Occidental, lo cual escandalizó a la Alemania Oriental, pues cuestionaba la legitimidad de esta última como estado. Dubček estaba firmemente convencido de que el control del partido comunista era compatible con cierto grado de liberalización política. Si la Asamblea Nacional dejaba de ser un mero elemento de refrendo y se convertía en una verdadera cámara legislativa, con cierta oposición en su seno, el gobierno del partido comunista sería más receptivo ante las necesidades populares.

Con Dubček se acabó la censura. La reforma política se convirtió en tema principal del debate público. Las exigencias de reforma, antes aplastadas, se alentaron tácitamente, lo cual causó impacto más allá de las fronteras de Checoslovaquia. En todo el mundo comunista los disidentes intelectuales y nacionalistas se sintieron inspirados. En marzo de 1968 en Polonia se produjeron manifestaciones públicas, que degeneraron en motines, para reclamar reformas similares. El Partido Comunista Polaco se hallaba profundamente dividido cuando surgió un movimiento reformista en sus propias filas. En Checoslovaquia los ucranianos exigieron el reconocimiento de sus derechos nacionales. Moscú estaba aterrado: si seguían el ejemplo los nacionalistas de Ucrania, la URSS sufriría una grave crisis interna.

Se celebraron una serie de reuniones gubernamentales de alto nivel para imponer la conformidad al gobierno de Dubček. La tragedia de Checoslovaquia fue que Dubček no comprendió la seriedad de las advertencias que le habían hecho. En julio fue convocado a una cumbre de líderes del Pacto de Varsovia con el fin de sancionarlo. Salió de la cumbre creyendo, erróneamente, que sus explicaciones habían satisfecho a los asistentes. Tal vez las dudas del Kremlin lo convencieron de que no se iban a emprender acciones contra él.

Estaba equivocado. En el Kremlin no se debatía si intervenir o no, sino la intervención inmediata o darle más tiempo con la esperanza de que entrase en razón. A medida que dicha esperanza se fue frustrando, se impuso con mayor fuerza el argumento de la intervención inmediata. Dubček continuó alegremente con las reformas y autorizó un congreso especial del partido para eliminar a sus oponentes en el Presidium, el órgano ejecutivo del partido. Fue la gota que colmó el vaso. El Kremlin decidió que Dubček debía eliminar el movimiento reformista y aceptar que tropas soviéticas se estacionasen de forma permanente en Checoslovaquia; de lo contrario, sería destituido. Dichas amenazas fueron ignoradas, ante lo cual se preparó la invasión.

Las preocupaciones soviéticas amainaron cuando los gobiernos vecinos del Pacto de Varsovia aceptaron unánimemente sus planes. El presidente Johnson, ocupado en Vietnam y deseoso de restablecer la distensión, no mostró interés en Checoslovaquia. Aunque a Estados Unidos le sorprendió y molestó la invasión, no había peligro de que tomase represalias.

La invasión, que se produjo el 10 de agosto de 1968, constituyó en enorme éxito militar. Los paracaidistas se apoderaron de los aeropuertos, y tanques y soldados cruzaron las fronteras. Las ciudades fueron ocupadas y se sometió a estricto control la red de comunicaciones. El ejército checo ni siquiera pensó en resistirse. Políticamente reinaba el caos. Los antirreformistas que quedaban en el Presidium eran demasiado débiles para formar un gobierno alternativo. La Asamblea Nacional y el presidente se mostraron desafiantes. La resistencia civil, con la autoinmolación del estudiante de Praga Jan Palach, paralizó al Estado. La URSS se vio obligada a reinstaurar a Dubček, aunque sólo temporalmente, y éste no logró salvar sus reformas. A pesar de ello, el control soviético sobre Europa del Este se reafirmó y los límites del reformismo quedaron bien claros.

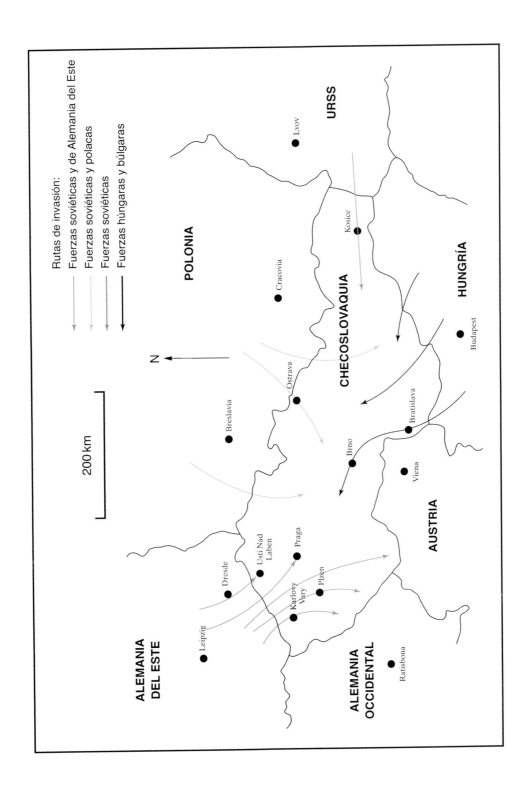

Mapa 34. Servicios de inteligencia

Naturalmente, en un ambiente de hostilidad y desconfianza, ambos bandos consideraron el espionaje una herramienta vital de la Guerra Fría. La Unión Soviética disfrutó de una serie de ventajas cruciales, al menos en un principio. Los bolcheviques, con amplios antecedentes conspiratorios y siempre temerosos de un ataque extranjero, dedicaron en los años de entreguerras muchos más recursos al espionaje que Occidente. Escudándose en la revolución internacional y el antinazismo, reclutaron a gran número de jóvenes idealistas en los años treinta.

Hombres cultos y bien relacionados, como los ingleses Donald Maclean, Kim Philby y Guy Burguess, se convirtieron en agentes comprometidos que desempeñaban cargos importantes en el gobierno. Otros los imitaron en Estados Unidos y en toda Europa. Durante la guerra, cuando gran parte del esfuerzo bélico recaía en la Unión Soviética, el deseo de ayudar a un aliado en dificultades atrajo a la mayoría de ellos. Al principio de la Guerra Fría, la URSS había establecido redes de agentes en Occidente. La Primera Dirección General de la KGB dividió sus responsabilidades en áreas que reflejaban las prioridades de Moscú. El Departamento 4 se dedicaba a las dos Alemanias y a Austria, ejemplo de la obsesión de Moscú con el enemigo de guerra. Estados Unidos tenía su propio departamento, naturalmente. América del Sur y África francófona y anglófona contaban con sólo tres departamentos. El Departamento 11, que espiaba a los aliados del Pacto de Varsovia, se denominaba eufemísticamente «Relación con los países socialistas». En época posterior se crearon los Departamentos 17 y 18 para responder a la creciente importancia del mundo árabe y del sur de Asia.

Inicialmente, en Occidente no había parecido. No sólo se dio poca importancia al espionaje extranjero, sino que la URSS era un terreno de operaciones mucho más hostil que Occidente. Había muy pocos espías en la URSS, lo cual resulta irónico si se observa el gran número de personas ejecutadas por espionaje durante las purgas.

En 1945 en Inglaterra y Estados Unidos se redujeron la mayoría de las organizaciones de inteligencia de la guerra. Cuando se creó la CIA en 1947, tuvo que comenzar construyendo un sistema de inteligencia de la nada. En los primeros años de la Guerra Fría, los servicios de inteligencia occidentales sufrieron una serie de humillaciones. El SIS (Servicio Secreto de Inteligencia) británico cayó en la trampa de enviar a varios agentes al este para contactar con grupos de resistencia inexistentes; los agentes fueron capturados. La CIA proporcionó armas, radios y dinero a otro grupo imaginario. Los aparatosos escándalos de espionaje erosionaron la confianza en estas organizaciones en Occidente. En Estados Unidos, Julius y Ethel Rosenberg fueron ejecutados, en medio de una gran controversia, por espiar secretos nucleares. En Inglaterra, se condenó a Klaus Fuchs y a Allan Nunn May por el mismo delito. Aún más dolorosa para Inglaterra fue la lista, de humillante extensión, de agentes de inteligencia de alto nivel denunciados como espías soviéticos. Daba la impresión de que Moscú gobernaba la inteligencia británica. En todos los países de la OTAN se descubrieron espías en puestos relevantes. En Estados Unidos, una deprimente relación de agentes de nivel medio se mostró dispuesta a aceptar dinero soviético. Uno, Aldrich Ames, recibió supuestamente dos millones setecientos mil dólares por traicionar a veinticinco agentes, diez de los cuales murieron.

Naturalmente, Occidente logró éxitos. Oleg Penkovsky ofreció valiosa información sobre los sistemas armamentísticos soviéticos durante la crisis de los misiles cubanos, lo cual le costó torturas y la muerte. Oleg Gordievsky informó a Occidente de la histeria que se apoderó del Kremlin cuando se creyó que Ronald Reagan estaba a punto de lanzar un ataque nuclear preventivo. Reagan, alarmado, moderó su discurso antisoviético.

El papel de los espías, muchas veces vital, se ha rodeado de una imagen de *glamour*. El 90 por 100 de la información que necesitan las agencias de inteligencia procede de publicaciones. Los periódicos constituyen una valiosa fuente, que los agentes presentan a veces como estrictamente confidencial. El análisis de los medios de comunicación extranjeros suele fijarse en lo que se dice y en lo que se calla. Lo que el Estado no comunica, indica a menudo debilidad o prioridades. El interrogatorio de los emigrantes constituye otra fuente habitual de información. La mayor ventaja de Occidente radica en el empleo de la tecnología. Un valioso elemento de información son las señales de inteligencia. Interceptar y descifrar las señales de radio soviéticas se convirtió en algo habitual. La URSS se esforzó por ponerse a la altura de la tecnología informática occidental capaz de dichas tareas.

Los satélites de vigilancia permitieron a ambos bandos observarse mutuamente. La tecnología también hizo posible que obtuviesen información fiable sobre China. La RPC era un territorio extremadamente hostil y peligroso para los espías. En 1967 tanto Estados Unidos como la URSS tenían en órbita satélites de espionaje. A partir de entonces, se pudo observar la disposición, estructura y movimientos de las fuerzas militares de la oposición, aunque dependiendo de las condiciones climatológicas. Cada vez había menos posibilidades de un ataque sorpresa.

Esto tendría que haber generado una gran seguridad durante la Guerra Fría. Pero el espionaje carece de valor si no se cree en él. A principios de los años ochenta los informes negativos de la KGB no convencieron al liderazgo soviético de que Reagan no estaba preparando la guerra. De igual forma, la CIA no pudo convencer a Reagan de que la URSS no se hallaba detrás de todo el terrorismo internacional. En resumen, la Guerra Fría engendró actitudes y posturas que no podría cambiar la simple información.

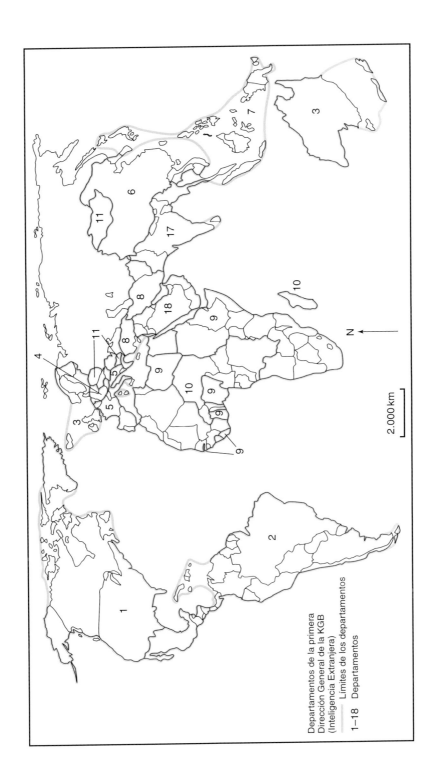

Departamentos de la primera
Dirección General de la KGB
(Inteligencia Extranjera)

—— Límites de los departamentos

1–18 Departamentos

2.000 km

Mapa 35. Las guerras de Oriente Medio y la amenaza para la paz mundial

En mayo de 1948 nació el Estado de Israel. El gobernante colonial, Gran Bretaña, se exasperó con la creciente violencia entre sionistas y palestinos y lanzó el problema, sin ninguna ceremonia, en brazos de Naciones Unidas, que trazaron un plan de partición que concedía aproximadamente la mitad del territorio a los sionistas. El plan era bastante justo, pero impracticable. Ninguno de los bandos quería compartir la tierra, sino ocuparla en su totalidad. La guerra decidiría los límites del nuevo Estado.

Los Estados árabes vecinos lo invadieron inmediatamente, pero sus ejércitos eran pequeños, carecían de experiencia, estaban mal dirigidos, peor equipados y descoordinados. Se enfrentaban a un Israel movilizado por completo, con armas modernas y, sobre todo, consciente de que debía imponerse o morir. Las fuerzas árabes fueron rápidamente aplastadas. Sin embargo, los verdaderos perdedores fueron los palestinos. La mitad de ellos se convirtieron en refugiados. Sus propios líderes, que esperaban un inminente regreso detrás de los ejércitos árabes victoriosos, los arrancaron de sus hogares. Otros fueron expulsados sin contemplaciones por el ejército israelí en un proceso que posteriormente se denominaría «limpieza étnica».

La Guerra Fría no tardó mucho en entrar en la región y en sus conflictos. Durante varios años Estados Unidos alimentó la quimera de una alianza de seguridad regional para contener el comunismo, que incluía a Israel y a los países árabes. Los norteamericanos se hicieron la ilusión de que podrían ser amigos de ambos lados hasta los años sesenta. No se dieron cuenta de que al mundo islámico el comunismo le resultaba irrelevante y que la principal fuerza unificadora era la hostilidad contra Israel. Los soviéticos tenían una perspectiva más realista. A principios de los años cincuenta una serie de golpes de estado instalaron regímenes radicales en la zona, y la URSS procuró ganarse su amistad proporcionándoles armas y apoyo político contra Israel.

En los años sesenta Estados Unidos se comprometió cada vez más con Israel hasta el punto de que se le consideró aliado de Israel, lo cual empujó a los árabes hacia la URSS. En Washington había un poderoso *lobby* sionista y se admiraba la capacidad militar de Israel. Los países árabes emprendieron un gran rearme sostenido por la Unión Soviética. Por su parte, Israel compró armas norteamericanas, inglesas y francesas. La guerra era inminente, pero Estados Unidos se mostraba remiso a comprometerse de lleno con la causa israelí. En cambio, la URSS animaba a los árabes a luchar. Se produjo una acalorada disputa por el resultado de una serie de refriegas aéreas entre los aviones Mirage de Israel, de fabricación francesa, y los Migs de los soviéticos. Acabó por imponerse Israel, lo cual implicaba la superioridad del equipamiento occidental. Se hallaba en juego la credibilidad de las fuerzas armadas soviéticas, que querían armas rápidas y que garantizasen la victoria.

La Guerra de los Seis Días, que se inició el 5 de junio de 1967, fue una verdadera catástrofe para los árabes. Las fuerzas árabes se derrumbaron en todos los frentes ante los ataques preventivos de Israel. Se produjo una nueva crisis de refugiados y también una crisis de las relaciones entre Oriente y Occidente. Por primera vez desde su instalación a raíz de la crisis de los misiles cubanos, la «línea caliente» se utilizó en serio. Los soviéticos pretendían que Israel aceptase un alto el fuego; de lo contrario, intervendrían. Incluso se preparó un desembarco soviético en Israel, pero nunca se realizó. Sin duda, lo habría impedido la sexta flota estadounidense. La URSS dudaba ante el peligro de una guerra mundial. Estados Unidos, por su parte, presionó a Israel para que aceptase el alto el fuego.

Tras esto, Estados Unidos formó una completa asociación estratégica, de carácter informal, con Israel. Los norteamericanos no insistieron en la devolución del territorio ocupado, en negociar un tratado de paz con los vecinos árabes ni en hacer nada por los refugiados. La zona estaba llena de armas estadounidenses y soviéticas: los aviones más modernos, tanques, armas antiaéreas (incluyendo misiles SAM tierra-aire) y antitanque. El potencial militar acentuó la inestabilidad de la región. Siempre existía la posibilidad de otra guerra.

En octubre de 1973 el líder egipcio Sadat, tras ver frustrados sus esfuerzos de negociar la retirada israelí del Sinaí, se unió a Siria para realizar un ataque sorpresa: la Guerra del Yom Kippur (Día de la Expiación). Cogieron a Israel desprevenido, cruzaron el canal de Suez y penetraron en los altos del Golán; con las armas antitanque y antiaéreas soviéticas causaron grandes daños. Durante un breve periodo Israel sufrió graves problemas. Un gran envío de armas estadounidenses por vía aérea permitió frenar las pérdidas de los israelíes y estabilizar la situación. A partir de entonces, se iniciaron los contraataques. Los israelíes penetraron en Siria y atravesaron el canal de Suez, atrapando al tercer ejército egipcio en la otra orilla.

De nuevo se había impuesto Israel, pero tras una arriesgada y costosa lucha. Más amenazante aún fue la posibilidad de que interviniese una gran potencia. La URSS amenazó con interferir para salvar a Egipto de la derrota total enviando aviones con tropas a la región. Nixon declaró la alerta nuclear global para evitarlo, un movimiento que aterrorizó a sus aliados, y presionó a Israel para que declarase el alto el fuego.

Oriente Medio parecía un lugar en el que podía estallar una guerra mundial. Las grandes potencias desestabilizaron la zona con la magnitud de sus envíos de armas. Pero si bien ambos bandos querían influir en la región, no deseaban llegar a la guerra. Tampoco podían permitir que sus protegidos sufriesen una derrota total, como dejó bien claro la URSS cuando hizo falta. Por su parte, Estados Unidos utilizó su influencia sobre Israel para limitar sus victorias.

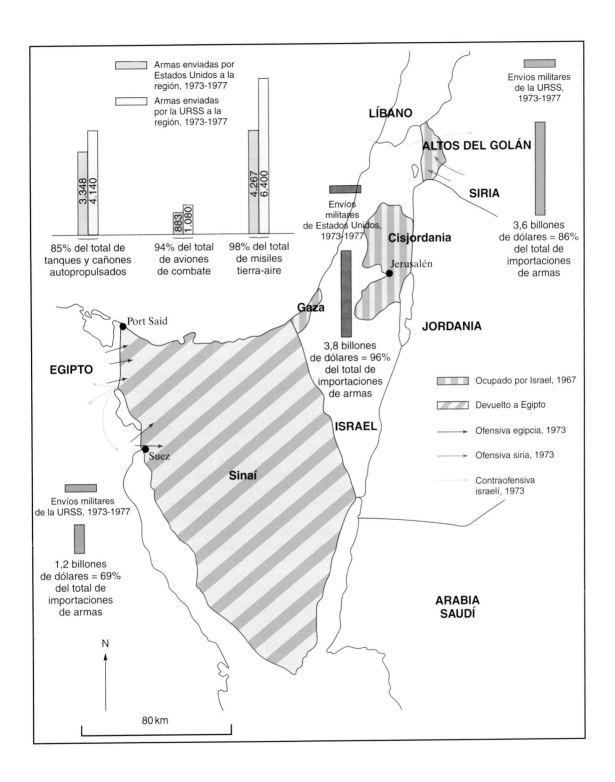

Armas enviadas por Estados Unidos a la región, 1973-1977

Armas enviadas por la URSS a la región, 1973-1977

3.348 / 4.140
85% del total de tanques y cañones autopropulsados

883 / 1.080
94% del total de aviones de combate

4.267 / 6.400
98% del total de misiles tierra-aire

Envíos militares de la URSS, 1973-1977

3,6 billones de dólares = 86% del total de importaciones de armas

Envíos militares de Estados Unidos, 1973-1977

LÍBANO

ALTOS DEL GOLÁN

SIRIA

Cisjordania

Jerusalén

JORDANIA

Gaza

3,8 billones de dólares = 96% del total de importaciones de armas

ISRAEL

Ocupado por Israel, 1967

Devuelto a Egipto

Ofensiva egipcia, 1973

Ofensiva siria, 1973

Contraofensiva israelí, 1973

Port Said

EGIPTO

Suez

Sinaí

Envíos militares de la URSS, 1973-1977

1,2 billones de dólares = 69% del total de importaciones de armas

ARABIA SAUDÍ

N

80 km

Mapa 36. La distensión de los años setenta

La década de los setenta fue de diferente fortuna para los dos bandos de la Guerra Fría. En el oeste hubo grandes problemas a causa del malestar económico generado por el alza de los precios del petróleo, que en Estados Unidos resultó especialmente preocupante. Una balanza económica negativa, sobre todo con Japón, hizo pensar que los días de la preeminencia económica norteamericana estaban contados. Por otro lado, Estados Unidos vivía un periodo de introspección tras el fracaso en la guerra de Vietnam, y el escándalo Watergate añadió leña al fuego. A fines de la década se produjo la caída del sah de Irán y la invasión de la embajada de Estados Unidos por los fundamentalistas islámicos iraníes. El humillante fracaso de un intento de rescate de los rehenes mal diseñado alimentó la imagen de la impotencia norteamericana. Al mismo tiempo, las poderosas fuerzas soviéticas parecían dispuestas a operar a escala mundial.

Esta imagen de impotencia no se reflejó en la capacidad militar estadounidense. Estados Unidos invertía enormes sumas y contaba con fuerzas muy numerosas. Otros aliados de la OTAN gastaban mucho menos en defensa, lo cual irritaba a las administraciones estadounidenses, que consideraban que soportaban una carga desmesurada en la Guerra Fría. La Unión Soviética fue el mayor inversor militar de la década, mientras que sus socios del Pacto de Varsovia contribuyeron de forma muy moderada. En realidad, para ponerse a la altura del gasto militar de Occidente, la Unión Soviética gravó a sus ciudadanos con una pesadísima carga. Las consecuencias fueron nefastas para la economía soviética, con la paralización de muchos sectores. La RPC gastaba sumas relativamente pequeñas en defensa, pero aun así a costa de imponer una carga comparativamente mayor a sus ciudadanos de lo que hacía Estados Unidos.

Por tanto, había buenas razones para que todas las partes deseasen la mejora de las relaciones y la reducción del gasto militar. Nixon, que se convirtió en presidente en 1969, era anticomunista declarado. Sin embargo, tenía muchos motivos para resucitar la distensión, que había decaído con Checoslovaquia y Vietnam, y buscaba el apoyo diplomático de Moscú y Pekín para abandonar la guerra de Vietnam. El canciller de Alemania Occidental, Willy Brandt, señaló el camino. En 1969 Brandt anunció una nueva política de conciliación con el este en su *Ostpolitik* y firmó un pacto de no agresión con un satisfecho liderazgo soviético, en el que reconocía a Polonia las fronteras de 1945. La *Ostpolitik* culminaría en 1972, cuando las dos Alemanias firmaron un tratado de reconocimiento mutuo. Podían existir buenas relaciones entre el este y el oeste y el creciente distanciamiento chino-soviético proporcionó la ocasión a Nixon. En abril de 1971 se observaron las primeras señales de deshielo en las relaciones chino-norteamericanas, cuando el equipo de tenis de mesa de Estados Unidos fue invitado a ir a Pekín. La llamada «diplomacia del *ping-pong*» horrorizó al Kremlin. En Moscú la asociación chino-americana se consideró una flagrante amenaza antisoviética. Como Nixon había calculado, en la URSS renació de pronto el entusiasmo por la distensión.

El primer beneficio de la distensión de Moscú (1972-1975) fue la rápida aceptación del Tratado de Limitación de Armas Estratégicas (SALT 1) en 1972, que no pretendía acabar con la carrera armamentística, sino ponerle límites. Los dos bandos acordaron un número máximo de armas nucleares (bombarderos, misiles, etc.) También acordaron construir sólo dos zonas de MAB (misiles antibalísticos). Se temía que los MAB amenazasen la estabilidad que ofrecía la Destrucción Mutua Asegurada (DMA), si uno de los bandos se sentía tentado a recurrir a la guerra nuclear creyendo que podría sobrevivir a ella. Por otro lado, para desplegar un gran sistema de MAB, tendrían que ampliar muchísimo el arsenal de armas nucleares.

En 1975 se produjeron los Acuerdos de Helsinki, en los que las naciones de la OTAN y del Pacto de Varsovia trataron de fronteras y aceptaron cooperar en el terreno cultural, económico, científico e industrial. También coincidieron en cuestiones humanitarias, como el libre movimiento de personas e ideas. La URSS nunca se tomó esto en serio, y la crítica que Estados Unidos realizó contra Moscú generó amargos resentimientos entre los soviéticos. A partir de entonces, hubo signos de que el periodo de distensión llegaba a su fin. En realidad, existía un elemento cíclico en la distensión. El creciente nerviosismo conducía a cada bando a hacer concesiones, y cuando el nerviosismo cedía, resurgían las hostilidades subyacentes. Las relaciones no se deterioraron al nivel anterior a la distensión, pero se crisparon.

La irritación alcanzaría su clímax con el presidente Carter, muy crítico con el tratamiento de los derechos humanos en la URSS. Su actitud ofendió profundamente a la Unión Soviética, sobre todo porque Carter ignoraba abusos similares entre sus aliados, por ejemplo Corea del Sur, Irán y Filipinas. Las condiciones del SALT 2 se negociaron al fin y el acuerdo se firmó en junio de 1979. Entre otras cosas, limitó el número de armas nucleares permisibles a dos mil cuatrocientas, pero las relaciones entre las dos potencias eran cada vez más tensas y no lo ratificaron.

La URSS decidió que no ganaba nada con la amistad de Estados Unidos. En diciembre de 1979 el Ejército Rojo invadió Afganistán para salvar al atormentado gobierno comunista, lo cual acabó con el periodo de distensión. La Unión Soviética quedó aislada. Carter, humillado por los acontecimientos de Irán, no consiguió el apoyo de sus aliados para llevar a cabo una política efectiva o para imponer sanciones económicas. Estados Unidos parecía tan impotente como siempre. Ningún bando tenía nada que celebrar al final de la década.

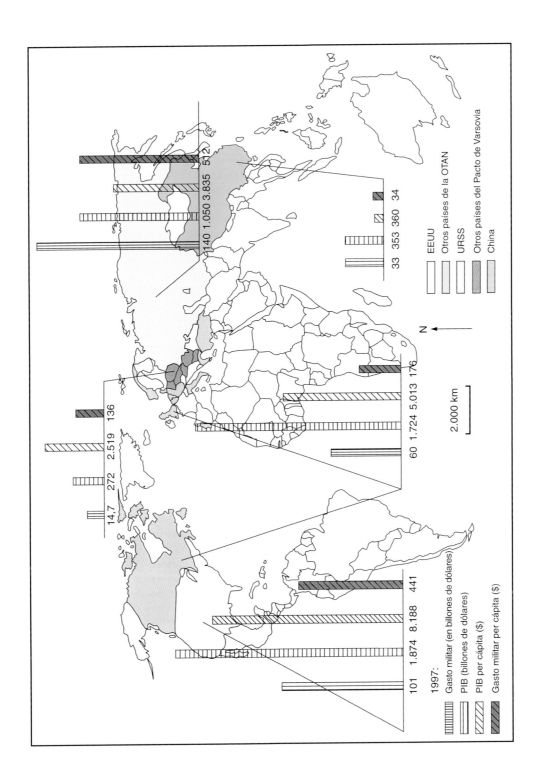

1997:

Gasto militar (en billones de dólares)

PIB (billones de dólares)

PIB per cápita ($)

Gasto militar per cápita ($)

EEUU

Otros países de la OTAN

URSS

Otros países del Pacto de Varsovia

China

2.000 km

N

Mapa 37. La carrera armamentística

Desde que se utilizó la primera bomba atómica en 1945, se inició una carrera armamentística entre Oriente y Occidente. Tanto Gran Bretaña como la Unión Soviética decidieron que debían poseer esa nueva y devastadora arma inmediatamente. Francia y China llegaron a la misma conclusión poco después. Como se verá (mapa 39), otros países también lo pensaron. En un principio, estas armas sólo podían instalarse como bombas de gravedad. Pero ya la Alemania nazi había descubierto una solución con sus cohetes V2, contra los que no existían defensas. Estados Unidos y la URSS se lanzaron a desarrollar la tecnología de las armas nucleares. La primera prueba nuclear soviética, en 1949, se adelantó a lo esperado. Estados unidos respondió con una fusión mucho más poderosa: la bomba de hidrógeno en 1952. La URSS comenzó a fabricarla a los pocos meses.

Cada vez resultaba más evidente que el empleo de estas armas en una futura guerra sería tan catastrófico que el «vencedor» no se distinguiría del «vencido». Esto aumentó el clima de nerviosismo general. La Campaña para el Desarme Nuclear (CDN) se convirtió en un poderoso movimiento en Europa, el campo de batalla más probable. Pero la preocupación seguía creciendo. Estados Unidos desplegó MBI (misiles balísticos intercontinentales) en 1958, y la URSS la imitó en 1961. No había defensa creíble contra ellos. El único elemento disuasorio era la Destrucción Mutua Asegurada (DMA). No se podía evitar de ninguna forma la destrucción de un bando, pero tampoco se podía evitar un contraataque igualmente destructivo. Para garantizar que hubiese misiles suficientes con que realizar dicho contraataque, se hallaban dispersos y ocultos en silos blindados o en submarinos.

Existía así cierta estabilidad y quedaba descartada la tentación de lanzar un ataque sorpresa. Los dos bandos acordaron no desplegar sistemas MAB (misiles antibalísticos), porque eran caros, ineficaces y podían inducir a algún bando a realizar un ataque sorpresa. La única seguridad con que se contaba eran los MAB. Lo que alarmaba a muchos era que, en efecto, disuadían de un ataque sorpresa, pero si se producía una escalada en una confrontación, los MAD conducirían a la destrucción total. Había además otro motivo de preocupación: el gran número de bombas nucleares que se fabricaban.

Las armas nucleares eran caras y difíciles de mantener. Y sobre todo, cuantas más se fabricasen, mayor riesgo existía de accidente. Un misil lanzado por error podía tener horribles consecuencias. Naturalmente, había que fabricar misiles suficientes, pero no demasiados. Sin embargo, ¿en qué punto se situaba la disuasión suficiente? Los estudios variaban, pero cuatrocientas explosiones nucleares sobre un blanco bastaban para destruir cualquier país. En un ataque sorpresa podían destruirse algunos misiles, otros se conservarían, serían interceptados o se perderían. Tal vez entre mil quinientos y mil seiscientos resultarían más que suficientes para cualquier contingencia.

Según una valoración, en 1977 las dos principales potencias tenían casi once mil cabezas nucleares en conjunto. Cuando la carrera armamentística alcanzó el punto cumbre en 1985 poseían más de treinta mil. No hay datos fiables sobre las cabezas nucleares que tenían otras potencias, aunque no cabe duda de que contaban con importantes arsenales. No había muchos misiles, pero sí MIRV (vehículos de reentrada múltiple e independiente) o cabezas nucleares múltiples. Seguramente, poseían entre cuatrocientos y quinientos cada uno.

La capacidad de exterminio de las armas nucleares aterrorizaba a muchos observadores. Los simpatizantes de la Campaña de Desarme Nuclear la consideraban una completa locura y afirmaban que el potencial nuclear existente equivalía a quince toneladas de TNT por persona, suficiente para exterminar a la humanidad seiscientas noventa veces. No acababa ahí la capacidad destructiva generada por la Guerra Fría, pues también había armas químicas y biológicas. Algunas armas biológicas, como el muermo y el ántrax podían causar un 100 por 100 de víctimas y otras destruir cosechas, rebaños y provocar hambrunas.

Semejante información ofrecía una sombría perspectiva a la humanidad. Durante las negociaciones de las SALT (Conversaciones para la Limitación de Armas Estratégicas), Estados Unidos y la URSS se mostraron interesados en organizar la carrera armamentística, no en terminar con ella. El Tratado del SALT 2 fijó los límites en dos mil cuatrocientos sistemas en 1979 y los redujo a dos mil doscientos cincuenta en 1981. En realidad, no se trataba de una verdadera reducción armamentística, pues la tecnología de los MIRV no imponía límites a las cabezas nucleares. El Congreso ni siquiera ratificó el SALT 2, aunque ambos bandos deseaban cumplirlo; apenas representaba un sacrificio.

En la Guerra Fría importaban mucho las apariencias. El afán por competir con un determinado programa armamentístico, el despliegue de nuevas armas o la fabricación de cabezas nucleares significaban compromiso y determinación de triunfar. En realidad, la fabricación de gran número de cabezas nucleares era una forma mucho más racional de luchar en la Guerra Fría que la utilización de las mismas. En dicha competición, había pocos riesgos: no parecía probable llegar a la guerra real.

La carrera armamentística se puede considerar racional, pero no incruenta. Existen dos elementos de disuasión: la capacidad (posesión de armas) y la resolución convincente (persuadir al oponente de que las armas se van a utilizar). Desde 1945 han muerto millones de personas en diferentes guerras, casi todas en el mundo en vías de desarrollo. En dichas guerras en las que intervinieron Estados Unidos y la URSS o apoyaron a algún grupo de combatientes, la voluntad de derramar sangre y, en consecuencia, el recurso a utilizar cualquier arma constituyeron parte de la motivación.

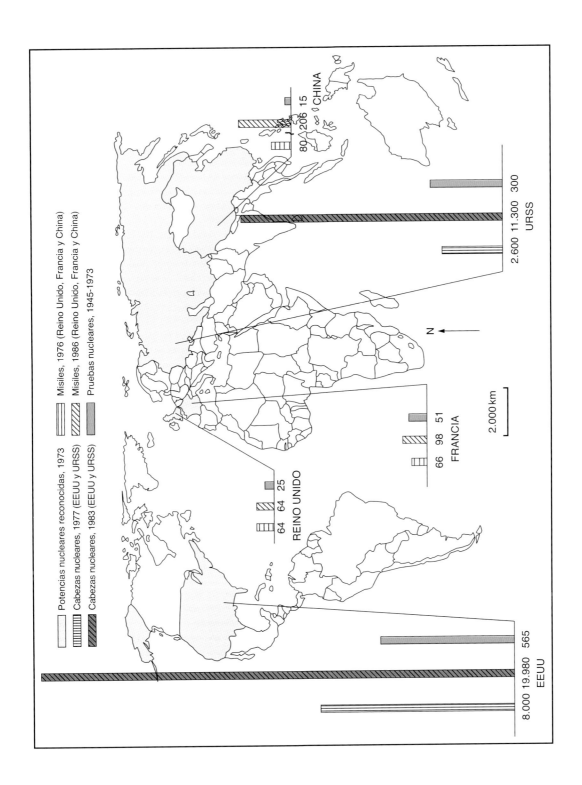

Potencias nucleares reconocidas, 1973
Misiles, 1976 (Reino Unido, Francia y China)
Cabezas nucleares, 1977 (EEUU y URSS)
Misiles, 1986 (Reino Unido, Francia y China)
Cabezas nucleares, 1983 (EEUU y URSS)
Pruebas nucleares, 1945-1973

CHINA
80 206 15

URSS
2.600 11.300 300

FRANCIA
66 98 51

2.000 km

N

REINO UNIDO
64 64 25

EEUU
8.000 19.980 565

Mapa 38. Ventas de armas y ayuda militar

Hacía mucho tiempo que el comercio internacional de armas generaba intensas sospechas. En los años treinta los traficantes de armas, apodados «mercaderes de la muerte», fueron investigados por los gobiernos de Estados Unidos e Inglaterra. Se extendieron las acusaciones de prácticas corruptas y de provocar «guerras para beneficiarse». En la Guerra Fría se repitieron dichas acusaciones, pero las críticas también se dirigieron contra los gobiernos, que jugaban un papel mucho más directo en el suministro de armas.

Para Gran Bretaña y Francia el comercio de armas era una necesidad económica. Los costes de desarrollar y producir nuevos sistemas armamentísticos se disparaban a medida que la tecnología se volvía más sofisticada. Las fuerzas armadas de estos países eran demasiado reducidas para que resultasen rentables sus industrias armamentísticas, que tenían un recurso de vital importancia en las exportaciones. Estos gobiernos desempeñaron un papel pionero en la promoción de la compra de armas, creando agencias gubernamentales específicas. Y mostraron cierta tendencia a pasar por alto el tipo de regímenes y las necesidades reales de los países con los que comerciaban.

Para la URSS y Estados Unidos, que representaban la mayor parte de las transacciones de armas, las consideraciones políticas solían importar más que las económicas. Ganar o mantener la influencia sobre otros gobiernos, adquirir bases en otros lugares del mundo y apoyar a regímenes afines fueron las prioridades esenciales, al menos hasta los años sesenta. La mayoría de los envíos de armas eran gratis o a precios rebajados. En 1975 Estados Unidos había proporcionado ayuda militar por valor de ciento sesenta y siete billones de dólares en forma de subvenciones, sobre todo al Sudeste Asiático. En 1970 se formuló la Doctrina Nixon para racionalizar la retirada estadounidense del Vietnam. A partir de entonces, Estados Unidos facilitaría armas en vez de tropas a los socios estratégicos que sufriesen amenazas. Sin embargo, el creciente balance de problemas de pago convirtió las ventas de armas en una clara fuente de divisas y las ayudas militares se redujeron rápidamente. En los años ochenta, menos del 9 por 100 de los ciento once billones de dólares en envíos de armas realizados por Estados Unidos correspondían a subvenciones.

Los principales clientes de armas estadounidenses eran los países más ricos: aliados de la OTAN, prósperos productores petrolíferos de Oriente Medio y socios regionales particulares, como Israel y Taiwán. Las consideraciones estratégicas no desaparecieron. Libia constituía un blanco especial de la hostilidad norteamericana, y sus vecinos recibieron un trato favorable. Somalia fue objeto de la generosidad de Estados Unidos, porque su vecina marxista, Etiopía, recibía gran cantidad de ayuda soviética.

La URSS, que durante los años ochenta hizo envíos de armas por valor de ciento veintiún billones de dólares, mantuvo una alta proporción de ayudas militares en forma de subvenciones. El Kremlin afirmó que en 1990 se habían enviado gratis el 46 por 100 de las armas, casi siempre con apoyo técnico también gratuito. Sin embargo, la URSS no estaba al margen de los beneficios del tráfico de armas. En los años ochenta vendió armas por valor de seis billones de dólares a Libia, país rico en petróleo; el líder libio Muamar al Gadafi no necesitaba semejante cantidad de armas, que muchas veces fue incapaz de mantener. Pero primaban los factores estratégicos. Irán recibió apoyo por su hostilidad contra Estados Unidos. El sostenimiento de los regímenes socialistas beligerantes se consideraba una responsabilidad moral. Nicaragua, Angola, Mozambique, Vietnam y Etiopía recibieron también generosos envíos de armas de la Unión Soviética.

El efecto de los envíos de armas fue calamitoso, sobre todo en el mundo en vías de desarrollo, donde se libraron las batallas de la Guerra Fría. En los años sesenta las importaciones de armas hacia los países en vías de desarrollo ascendieron de un billón de dólares a cuatro billones. En 1964 el mundo en vías de desarrollo pagaba en conjunto cuatro billones de dólares cada año en concepto de intereses de la deuda existente, lo cual no hacía más que agravar la dependencia económica de estos países. Sólo los socios estratégicos más valiosos, como la India para la URSS e Israel para Estados Unidos, recibieron tecnología y permisos de producción para fabricar sus propias armas. A pesar de la pobreza, casi todos los países emergentes mostraron deseos de adquirir armas. Para muchos, sus fuerzas armadas constituían la principal prueba visible de la recién adquirida independencia. Otros muchos sufrían graves conflictos internos. Las armas modernas garantizaban el apoyo del ejército. Por desgracia, también reforzaban el poder político de los militares, haciendo que los nuevos países fuesen vulnerables a los golpes de estado.

Las ventas de armas no provocan por sí solas las guerras, pero agravan conflictos regionales previos y carreras armamentísticas. En 1962 tanto Egipto como Pakistán adquirieron caros aviones militares supersónicos. En respuesta, Israel en 1963 y la India en 1965 obtuvieron sistemas también muy caros de misiles tierra-aire de largo alcance. Al parecer, la posesión de unas armas tan sofisticadas suscitó la guerra de 1965 entre India y Pakistán, pues ambos bandos se encontraron con la opción de solucionar sus diferencias por la vía militar.

A pesar de los problemas provocados por los envíos de armas, se consideraban un elemento vital de la Guerra Fría. Las armas se veían como el método más efectivo que tenían tanto Estados Unidos como la URSS de ganar influencia en los países en vías de desarrollo. En realidad, resultaron bastante ineficaces a la hora de ejercer y mantener influencia sobre gobiernos extranjeros. Incluso grandes clientes, como Perú y Argelia, procuraban recibir armas de ambos bandos, sólo para diversificar sus fuentes y obtener los mejores precios. Se convirtió en costumbre enfrentar a un bando contra otro, en vez de resignarse a la dependencia. En resumen, los suministros de armas tuvieron un enorme coste humano y económico. A pesar de ello, fueron una herramienta muy débil en la Guerra Fría.

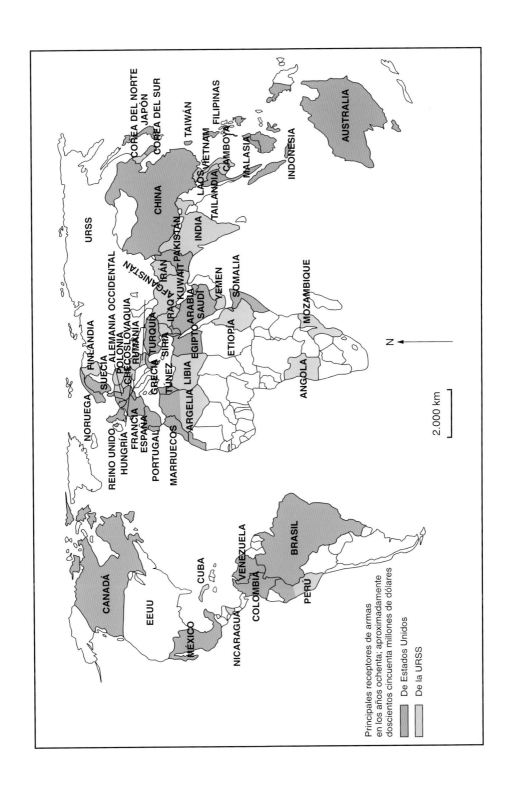

Principales receptores de armas
en los años ochenta; aproximadamente
doscientos cincuenta millones de dólares

De Estados Unidos

De la URSS

2.000 km

Mapa 39. Proliferación nuclear

Como demostró la Guerra de Yom Kippur en 1973, existía siempre el peligro de que una guerra regional derivase en una gran confrontación entre el este y el oeste. Si en dicha confrontación se utilizaban armas nucleares, los riesgos aumentarían de forma imprevisible. En la Guerra Fría ambos bandos tenían interés en que las armas nucleares no estuviesen en manos de todos, lo cual no era fácil. Muchos países querían adquirir tecnología nuclear para centrales eléctricas. El rápido incremento de los precios del petróleo la convertía en esencial. Otros países que disponían de dicha tecnología, deseaban venderla para compensar sus gastos en investigación y desarrollo. Por desgracia, la energía eléctrica nuclear produce grandes cantidades de plutonio. La transformación de este plutonio en material «armamentístico» es un proceso muy complejo, pero se puede hacer y no resulta muy caro. Con material suficiente (unos diez kilos), es relativamente sencillo fabricar un arma.

En julio de 1968, tras varios años de negociaciones, la URSS y Estados Unidos redactaron las condiciones del Tratado de No Proliferación (TNP) y se invitó a todos los países del mundo a adherirse. Las naciones que poseían tecnología de armas nucleares aceptaron no ayudar a otras a adquirirla. Para Estados Unidos esto se refería a los países en vías de desarrollo inestables e impredecibles. La URSS tenía como principal objetivo impedir que Alemania Occidental obtuviese armas nucleares. Los que no poseían armas nucleares renunciaron al desarrollo y adquisición de las mismas. Como garantía, la utilización, producción y movimiento de todo el material nuclear controlado por los signatarios estaría bajo la supervisión del Organismo Internacional de Energía Atómica (OIEA).

La mayoría de los países del mundo se adhirieron al TNP, países como Canadá, que poseía la tecnología para producir armas nucleares pero que había decidido que no le interesaba. Había otros, como Burkina Faso, demasiado pobres para permitirse dichas armas. Los que tenían o aspiraban a tener la tecnología y a fabricar armas nucleares, como Israel, India, Pakistán y Sudáfrica, se negaron a adherirse al TNP. Otra gran debilidad del tratado fue que dos potencias con armas nucleares, Francia y China, también se negaron a suscribirlo.

Una de las críticas contra el TNP, sobre todo por parte de China, incidió en los supuestos matices racistas. Los poderosos países blancos se habían puesto de acuerdo para negar la tecnología de las armas nucleares a los países africanos y asiáticos porque no se podía confiar en que se comportasen racionalmente. Se dijo asimismo que la URSS y Estados Unidos no estaban en condiciones de dar lecciones a otros sobre los peligros de la proliferación nuclear, teniendo en cuenta los inmensos arsenales de cabezas nucleares que poseían y que no parecían dispuestos a reducir (véase mapa 37).

Estados Unidos y la Unión Soviética cooperaron en el TNP a pesar de que sus relaciones eran tensas por otros motivos. Sin embargo, no todos los países se mostraron dispuestos a cooperar. En realidad, había demasiados proveedores de uranio y de tecnología nuclear para garantizar la prevención completa de la proliferación nuclear. La mayoría de los proveedores ajenos al TNP admitieron que no les interesaba la proliferación nuclear. Se impusieron controles y condiciones a los receptores. No obstante, si un país quería dedicar tiempo, esfuerzo y recursos a la labor, tenía bastantes oportunidades de adquirir armas nucleares. Las garantías del TNP no lo detendrían, ni tampoco la adhesión al tratado.

Irán e Iraq se convirtieron en miembros de pleno derecho del TNP, pero intentaron adquirir armas nucleares. Los esfuerzos iraníes zozobraron debido a la revolución de 1979. El Iraq de Sadam Husein se mostró más perseverante y su reactor Osirak se sometió a las garantías del TNP. Pero en junio de 1981 la fuerza aérea israelí lo destruyó con el pretexto de que constituía una amenaza para la supervivencia de Israel. En este punto Israel hizo gala de una desconfianza total en las garantías del TNP, que por otro lado se negaba a aceptar.

La India logró evitar las salvaguardas del TNP. Canadá le proporcionó tecnología nuclear, pero sólo con la garantía de que no la utilizase nunca con fines militares y que admitiese la supervisión de técnicos canadienses. La Guerra Indo-paquistaní de 1971 impulsó al gobierno indio a violar sus promesas. En 1974 detonó lo que astutamente se denominó una «explosión nuclear pacífica». A partir de entonces, a Pakistán le faltó tiempo para evitar las salvaguardas y obtener en secreto la tecnología de enriquecimiento nuclear para desarrollar sus propias armas.

Las presiones de la Guerra Fría empujaron al propio Estados Unidos a no respetar el TNP. Sudáfrica e Israel recibieron en secreto ayuda técnica para sus programas de armamento nuclear. Eran socios regionales estratégicos demasiado importantes para negársela.

El TNP obtuvo ciertos éxitos. La presión estadounidense convenció a Taiwán y a Corea del Sur para que no adquiriesen la tecnología de reprocesamiento. A pesar de las enormes sumas que estaba decidido a invertir, el líder libio Muamar al Gadafi no pudo colmar su ambición de adquirir armas nucleares. Nadie quería entregar tecnología relevante a un dictador impredecible.

La proliferación nuclear existió, pero gracias al TNP fue más lenta, lo cual evitó graves influencias desestabilizadoras en los momentos cumbre de la Guerra Fría. Sólo por eso, se puede considerar uno de los éxitos de la Guerra Fría.

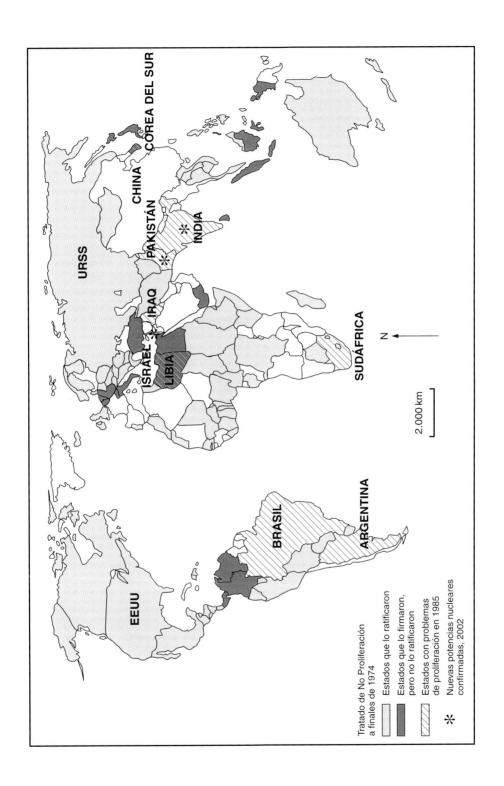

Tratado de No Proliferación
a finales de 1974

Estados que lo ratificaron

Estados que lo firmaron,
pero no lo ratificaron

Estados con problemas
de proliferación en 1985

* Nuevas potencias nucleares
confirmadas, 2002

EEUU

URSS

CHINA

COREA DEL SUR

PAKISTÁN

INDIA

IRAQ

ISRAEL

LIBIA

SUDÁFRICA

BRASIL

ARGENTINA

N

2.000 km

Mapa 40. El capitalismo contra el comunismo en la década de los ochenta

Los años ochenta fueron confusos. En la primera mitad de la década, la Guerra Fría siguió siendo tensa. La guerra parecía una posibilidad real, sobre todo en el Kremlin, cuyos temores ante un ataque inminente crearon un ambiente de pánico. Sin embargo, en la segunda mitad de la década la Guerra Fría se resolvió rápidamente mientras los regímenes comunistas se derrumbaban con sorprendente celeridad.

Al principio de la década en Estados Unidos dominaba la sensación de debilidad y confusión, y sus aliados se mostraban escépticos e inestables. La respuesta de Reagan frente a la aparente debilidad de su país fue emprender un gigantesco programa de rearme y disponerse a utilizar el potencial militar norteamericano donde hiciese falta, lo cual alarmó a la URSS y provocó el antagonismo de los aliados de la OTAN. Con la IDS (Iniciativa de Defensa Estratégica), también conocida como plan de la «guerra de las galaxias», Reagan se proponía construir una defensa eficaz contra los ataques de misiles.

Las inversiones militares de Reagan provocaron que la deuda nacional de Estados Unidos ascendiese a la increíble cantidad de cuatro trillones de dólares. Las sumas relativamente insignificantes que otros miembros de la OTAN estaban dispuestos a dedicar a defensa fueron, de nuevo, motivo de irritación, sobre todo porque su PIB conjunto superaba al de Estados Unidos. Las manifestaciones multitudinarias contra el despliegue de misiles crucero, la falta de apoyo a las sanciones impuestas al Pacto de Varsovia tras la campaña del gobierno polaco contra Solidaridad en 1981 y las críticas constantes a la política exterior norteamericana sugerían una alianza cada vez más débil.

La simplista visión de Reagan sobre el comunismo y su predisposición a utilizar la fuerza lo empujaron hacia políticas que a sus aliados les parecían censurables. Si, como creía Reagan, el comunismo era la causa de todos los males del mundo, lógicamente todos los que lo combatían eran cruzados que merecían el apoyo estadounidense. La UNITA de Jonas Savimbi en Angola, los «escuadrones de la muerte» derechistas de El Salvador, los Contras de Nicaragua y curiosamente los homicidas jemeres rojos (después de que los vietnamitas los expulsasen de Camboya) recibieron dinero de Estados Unidos. Reagan estaba dispuesto a utilizar las tropas americanas donde hubiese posibilidades de éxito. Se enviaron fuerzas a Honduras para impedir una (imaginaria) invasión sandinista, se bombardearon las plataformas petrolíferas iraníes del golfo Pérsico, Libia sufrió bombardeos y Granada fue invadida. Cuando la fuerza no resultaba concluyente, como en Beirut, las tropas se apresuraban a retirarse. La confianza aumentó dentro de Estados Unidos, pero la opinión pública aliada se mostró ofendida y los temores soviéticos se multiplicaron ante la falta de criterio de los norteamericanos.

Aparte del miedo a una guerra inminente, el mundo comunista tenía otros problemas. En su intento de igualar el gasto militar de Estados Unidos, la URSS imponía cargas insoportables a sus ciudadanos, como Reagan quería. La economía soviética estaba estancada, la industria adolecía de ineficacia crónica y el alcoholismo adquiría proporciones de epidemia. Se extendía el odio contra la corrupción y los privilegios excesivos de los partidos comunistas. Los otros países del Pacto de Varsovia constituían un apoyo menor para Moscú. Y aun así sus gastos militares per cápita superaban a los de los miembros europeos de la OTAN, a pesar de que su PIB per cápita era inferior a la mitad.

Los primeros síntomas de problemas graves desde la Primavera de Praga se registraron en Polonia. En julio de 1980 el gobierno polaco subió de forma drástica el precio de la carne, lo cual provocó una huelga en los astilleros de Gdansk que condujo a la formación de Solidaridad, un sindicato independiente. Se trataba de un serio desafío contra la autoridad del Partido Comunista de Polonia. Solidaridad no tardó en convertirse en un movimiento de masas y sus exigencias pasaron de los salarios y los precios al terreno prohibido de la reforma política.

La URSS, comprometida en Afganistán y poco dispuesta a empeorar las relaciones con el oeste, dudó en intervenir como había hecho en Checoslovaquia. Sin embargo, las maniobras conjuntas a gran escala en la frontera advirtieron de una inminente intervención. El nuevo primer ministro polaco, Wojciech Jaruzelski, entendió el aviso y en diciembre de 1981 impuso la ley marcial. El sindicato Solidaridad fue eliminado, pero Jaruzelski no consiguió solventar los graves problemas económicos que habían suscitado el movimiento. La viabilidad a largo plazo de la Polonia comunista, y por extensión de otros países del Pacto de Varsovia, estaba en entredicho.

Fue Mijaíl Gorbachov el que acabó con la Guerra Fría al aceptar que había que hacer reformas fundamentales. También comprendió que dichas reformas exigirían una gran reducción de las tensiones y estaba dispuesto a hacer concesiones para lograrlo. Durante los años siguientes, las relaciones este-oeste cambiaron totalmente. La que no se transformó de manera satisfactoria fue la Unión Soviética, cuyos problemas económicos y nacionalistas resultaban irresolubles (véase mapa 47). En 1990 Gorbachov había perdido apoyo popular y sus propios camaradas barajaban la posibilidad de destituirlo.

En 1989, cuando resultó evidente que los días de la intervención soviética se habían acabado, los regímenes comunistas de Europa empezaron a desmoronarse. La mayoría entregaron el poder sin violencia. En Rumanía, Nicolae Ceaucescu intentó desafiar a la oposición y murió fusilado. En la RPC la oposición política y las exigencias de reforma crearon grandes expectativas, hasta que el Partido Comunista Chino aplastó la protesta en la masacre de la plaza de Tiananmen en junio de l989. El comunismo se hallaba en crisis, pero aún no iba a morir en todas partes.

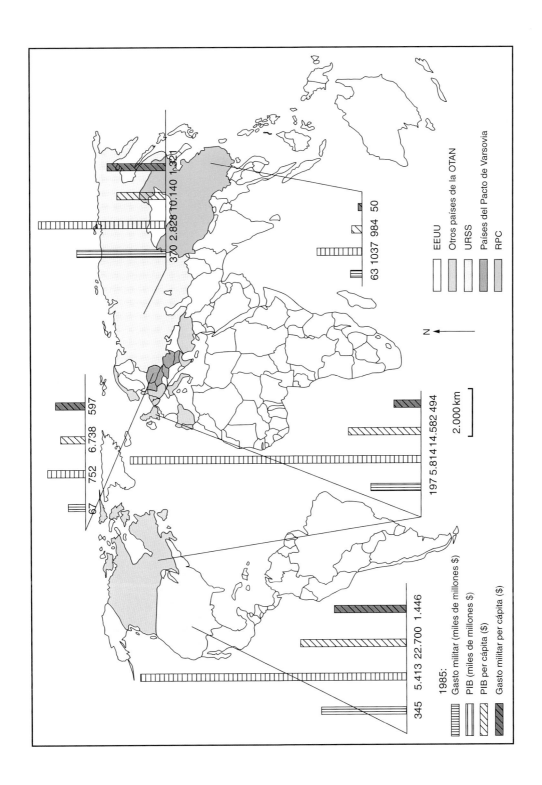

1985:

Gasto militar (miles de millones $)

PIB (miles de millones $)

PIB per cápita ($)

Gasto militar per cápita ($)

EEUU

Otros países de la OTAN

URSS

Países del Pacto de Varsovia

RPC

2.000 km

N

345 5.413 22.700 1.446

67 752 6.738 597

197 5.814 14.582 494

370 2.828 10.140 1.321

63 1037 984 50

Mapa 41. Nicaragua y los sandinistas

En julio de 1979 el Frente Sandinista de Liberación Nacional, los sandinistas, acabó con la brutal y corrupta dictadura de Anastasio Somoza en Nicaragua. El odio popular hacia el régimen de Somoza se había acentuado con la recesión mundial, que redujo a muchos nicaragüenses a la indigencia. La explosión de resentimiento popular se centró en los suburbios de ciudades como Estelí, Matagalpa, León y Masaya. Tras duros enfrentamientos, llegó hasta Managua.

La aborrecida guardia nacional de Somoza, que era más bien un ejército privado, opuso fuerte resistencia. Aparte de matar a unas cincuenta mil personas, la guardia nacional hizo todo el daño material que pudo antes de caer derrotada. La revolución dejó varios centros urbanos destruidos. La camarilla de Somoza había saqueado gran parte de las riquezas del país. Estos factores se sumaron a los viejos agravios que los sandinistas debían subsanar. La mortalidad infantil y las tasas de analfabetismo eran muy elevadas. Se esperaba mucho del nuevo régimen: en vivienda, educación y salud, y también una significativa mejora del nivel de vida.

Los sandinistas se habían comprometido con la pluralidad política. Por desgracia, no dejaron pasar la ocasión de encarcelar a algunos oponentes políticos y de aislar a ciertos grupos. En el noreste de Nicaragua, las exigencias de autonomía de los indígenas misquitos se trataron con una intolerante mano dura. Los sandinistas insistieron en la importancia del «poder popular» expresado a través de organizaciones de masas, como los Comités de Defensa Sandinista y las asociaciones de trabajadores rurales. Creían que la movilización de la población para participar en la toma de decisiones económicas, políticas y sociales era más importante que la simple votación en las elecciones, lo cual ponía en duda su compromiso con la democracia.

Aunque a Carter no le gustaba que los sandinistas aceptasen la ayuda soviética y cubana y limitasen el número de voluntarios, en general mantuvo una actitud benévola hacia el régimen. Estados Unidos concedió a Nicaragua una serie de ayudas. Pero la situación cambiaría radicalmente durante la presidencia de Reagan, cuyas prioridades se centraban en que Estados Unidos recuperase la confianza y afianzase su liderazgo en Occidente. Reagan no compartía la obsesión de Carter por los derechos humanos. El presidente quería que Estados Unidos defendiese sus intereses nacionales allí donde se viesen amenazados. Al igual que Eisenhower, consideraba comunistas los regímenes y movimientos radicales de América del Sur.

Nicaragua no era el único país de América Central con problemas internos. Las guerrillas de El Salvador y Guatemala y, en menor medida, la de Honduras, cobraron gran auge con el éxito de los sandinistas. Reagan entendía que la causa no era la brutalidad y el odio generado por los regímenes de esos países, sino la subversión cubana y soviética. Estados Unidos debía, aparte de apoyar a los regímenes afines, extirpar el brote de perturbación. Para Reagan los sandinistas eran comunistas y Nicaragua una nueva Cuba.

En primer lugar, Reagan procedió a reforzar los regímenes próximos a Nicaragua, para lo cual envió armas, dinero y asesores con el fin de reafirmar las fuerzas contrainsurgentes. Su oposición al comunismo las convertía en defensoras de la democracia. En realidad, tendieron a funcionar como «escuadrones de la muerte». El secuestro, la violación, la tortura y el asesinato se convirtieron en prácticas habituales, y no lograron derrotar a la guerrilla ni siquiera con la ayuda norteamericana. Sin embargo, impidieron que la guerrilla triunfase. En 1987 habían muerto sesenta mil salvadoreños y setenta y cinco mil guatemaltecos, pero los gobiernos proamericanos sobrevivían.

Reagan quería derribar a los sandinistas, pues suponía que las guerrillas salvadoreña y guatemalteca no podían existir sin la ayuda nicaragüense. Si no acababa con los sandinistas, estos extenderían su revolución por América del Sur hasta amenazar al propio Estados Unidos. Había evidentes similitudes con las ideas norteamericanas sobre Cuba. Pero a diferencia de Cuba, Nicaragua tenía fronteras terrestres con Estados pronorteamericanos. Tanto Honduras como Costa Rica se mostraron dispuestos a colaborar con Washington y albergaron a los supervivientes de la guardia nacional de Somoza.

Fueron los guardias nacionales, que poseían una apabullante historia de atrocidades, los que formarían el núcleo de la Contra. Para Reagan se trataba de defensores de la libertad, pero en realidad actuaron como escuadrones de la muerte. Los grupos de Honduras fueron los más poderosos y recibieron el grueso de la ayuda norteamericana. Reagan se proponía suprimir la ayuda, el comercio y las relaciones diplomáticas con los sandinistas. Lo cual, conjugado con las acciones militares de la Contra, los destruiría al convertir en insoportables las condiciones de vida del pueblo nicaragüense. Los nicaragüenses serían castigados hasta que aceptasen un gobierno aprobado por Washington. Cuando resultó difícil conseguir dinero del Congreso, Reagan recurrió a medios ilegales para adquirirlo en lo que se conoce como escándalo Irán-Contra (véase mapa 44).

Los Contras fracasaron en su principal objetivo: nunca llegaron a controlar una parte sustancial de Nicaragua que les permitiese establecer un gobierno alternativo. A pesar de ello, sus métodos resultaron eficaces; a través del secuestro, la tortura y el asesinato desalojaron a los campesinos de las zonas fronterizas. El esfuerzo de guerra arruinó la economía y se perdieron los logros sociales de la revolución. En marzo de 1988, después de cuarenta mil muertes, los sandinistas aceptaron un alto el fuego con los Contras y la convocatoria de nuevas elecciones en 1990. Sin embargo, los ataques de los Contras continuaron. Cuando se celebraron las elecciones, el mensaje estaba claro: si los nicaragüenses no votaban correctamente, Estados Unidos se aseguraría de que continuase la guerra. Y así, los sandinistas fueron rechazados. Estados Unidos había logrado otra victoria en la Guerra Fría.

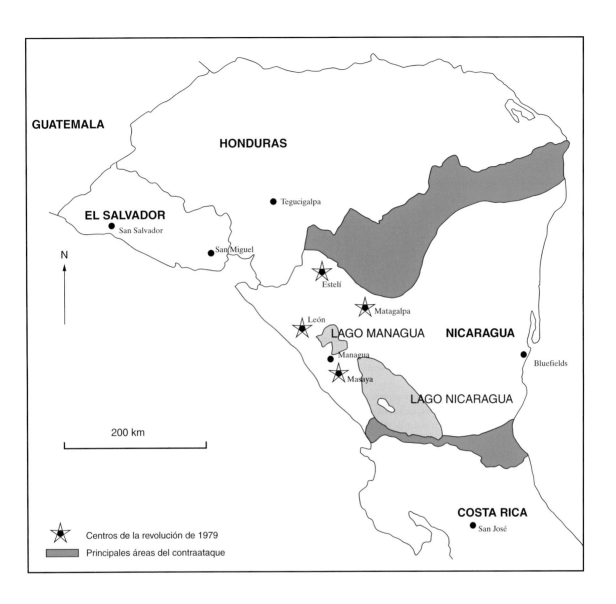

GUATEMALA

HONDURAS

EL SALVADOR

● San Salvador

● Tegucigalpa

N

● San Miguel

Estelí

Matagalpa

León

LAGO MANAGUA

NICARAGUA

● Managua

● Bluefields

Masaya

LAGO NICARAGUA

200 km

COSTA RICA

● San José

Centros de la revolución de 1979

Principales áreas del contraataque

Mapa 42. La Guerra Fría en África

África ofrecía muchas posibilidades a los dos bandos como teatro de la Guerra Fría. Los países recién independizados tenían grandes necesidades. Las potencias coloniales sólo habían proporcionado la base mínima para la construcción de las naciones. Los sistemas sanitarios y educativos eran rudimentarios y las economías se hundían en el subdesarrollo. Las elites políticas, muy reducidas, carecían de experiencia. La inestabilidad política, las reiteradas crisis humanitarias asociadas a la guerra y al cambio climático, el creciente endeudamiento y el azote del SIDA eran los rasgos típicos de los países africanos independientes. En resumen, África tenía muchas carencias. Sin embargo, los países africanos se resistían a pedir ayuda a los antiguos gobernantes coloniales. No sólo porque dicha ayuda les parecía inapropiada, sino porque aceptarla equivalía a continuar con la dependencia y ofendía el orgullo nacional.

Estados Unidos y la URSS, con una larga tradición de oposición al colonialismo, estaban en situación de extender su influencia por el continente. Muchos países nuevos se habían comprometido con el movimiento no alineado, pero podían adquirir materias primas fundamentales. Si se desviaban del movimiento, proporcionarían bases militares muy valiosas.

Cuando se produjo el asesinato del líder congolés Patricio Lumumba en 1961, las sospechas recayeron en Estados Unidos. Peor aún fue la política norteamericana en el sur de África. A pesar de las sanciones de Naciones Unidas contra Sudáfrica, Estados Unidos mantuvo las inversiones a gran escala y el comercio con el estado del *apartheid*. Portugal, aliado de la OTAN, recibió mucho apoyo de Estados Unidos para conservar su imperio colonial. Estados Unidos envió ciento sesenta y dos millones de dólares en armas al país ibérico en 1976, gran parte de las cuales se utilizaron contra las guerrillas de África. En tales circunstancias, las denuncias de Estados Unidos contra el *apartheid* no convencieron a nadie.

Las credenciales anticoloniales soviéticas resultaban más convincentes. Al menos, la URSS no tenía vínculos perjudiciales con las antiguas potencias coloniales, y por ello varios países africanos la recibieron con los brazos abiertos. Sin embargo, no lograron mantener relaciones cordiales. En parte, debido al tipo de ayuda ofrecida. La URSS prefirió proyectos muy visibles de valor dudoso. En Guinea se empeñó en construir un estadio deportivo y un teatro, cuando lo más urgente era desarrollar la economía. Su única orientación para la agricultura fue el colectivismo, que resultaba muy impopular. Por otro lado, ofendió a los países anfitriones saturándolos de asesores, algunos de los cuales hacían gala de arrogancia y racismo, y otros se inmiscuían en los asuntos internos. Otra acusación fue la de oportunismo económico. El precio que la URSS pretendía pagar por el cacao ghanés y la bauxita guineana escandalizó a ambos países. Ghana, Egipto, Sudán, Somalia y otras naciones acabaron perdiendo la paciencia con los asesores soviéticos y los expulsaron.

Cuando se observa el esquema de distribución de la ayuda, llama la atención la amplia dependencia de dicha ayuda. En los años setenta sólo dos países africanos no dependían de ayudas: Sudáfrica y, tras el desarrollo de la industria petrolífera a mediados de los sesenta, Libia. Y ello a pesar de las grandes riquezas minerales del continente. Zaire y Zambia tenían minas de cobalto, estaño, tungsteno, uranio y otros valiosos metales. Nigeria poseía grandes reservas de petróleo. Siempre se ha dicho que el mundo se ha dedicado a explotar los recursos de África pagando un precio injusto por ellos. Ambos bandos ofrecieron ayuda sobre todo a los países que tenían los minerales más deseables, lo cual generó resentimiento entre los no receptores. A pesar de la retórica soviética sobre la libertad y de la propaganda norteamericana sobre la democracia, los africanos se dieron cuenta de que a nadie le interesaba promover dichos ideales en África. Se toleraron dictadores asesinos, como Jean-Bédel Bokassa en la República Centroafricana e Idi Amin en Uganda, y no se hizo nada por impulsar la democracia.

Las experiencias de Houai Boumédienne en Argelia y de Julius Nyerere en Tanzania resultan más típicas. Ambos líderes se mostraron muy cínicos con la Guerra Fría. La veían como la oportunidad de que la URSS, Estados Unidos y los europeos compitiesen por su amistad ofreciendo paquetes de ayuda, y no pensaban dar nada sustancial a cambio. Tal vez la Guerra Fría benefició en cierto modo a África al obligar a los dos bandos a ser más abiertos con las ayudas. Aunque este punto debe tratarse con cautela. Entre 1956 y 1975 Estados Unidos concedió ayudas y préstamos a África por un valor inferior a cinco billones y medio de dólares, mientras que la URSS dio aproximadamente tres billones. Comparados con los veintitrés billones y medio que recibió Israel y los más de trece billones enviados a Corea del Sur en 1980, queda claro que la suma invertida en África fue relativamente pequeña. África nunca recibió ayuda suficiente para erradicar la pobreza crónica, el analfabetismo y las elevadas tasas de mortalidad.

En el caso de Somalia y Etiopía, la rivalidad de la Guerra Fría alimentó guerras que destruyeron varios países. La intervención cubana salvó al izquierdista MPLA (Movimiento Popular para la Liberación de Angola) en la guerra civil angoleña, pero suscitó la hostilidad de Estados Unidos. En respuesta, Sudáfrica y los norteamericanos apoyaron a la UNITA (Unión Nacional para la Independencia Total de Angola) de Jonas Savimbi, lo cual prolongó la guerra y el sufrimiento del pueblo angoleño. En realidad, África era un escenario menor de la Guerra Fría. Ningún bando pretendía ir muy lejos para subsanar sus necesidades, pero ambos parecían dispuestos a apoyar a dictadores perversos y a alimentar guerras. Por su parte, a los africanos no les importaban nada las obsesiones de la Guerra Fría de soviéticos y norteamericanos.

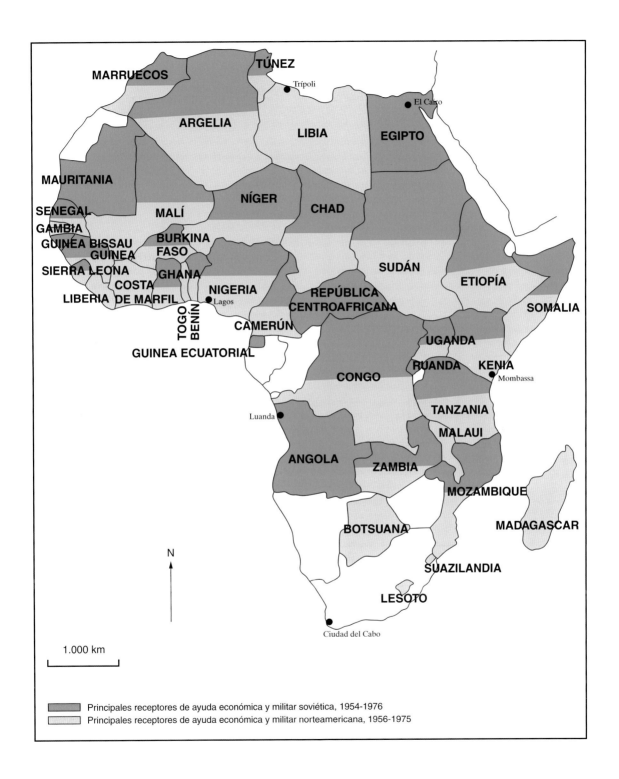

MARRUECOS
TÚNEZ
Trípoli
El Cairo
ARGELIA
LIBIA
EGIPTO
MAURITANIA
NÍGER
CHAD
MALÍ
SENEGAL
GAMBIA
GUINEA BISSAU
BURKINA
FASO
GUINEA
SIERRA LEONA
GHANA
SUDÁN
ETIOPÍA
COSTA
NIGERIA
DE MARFIL
LIBERIA
Lagos
REPÚBLICA
CENTROAFRICANA
SOMALIA
TOGO
BENÍN
CAMERÚN
GUINEA ECUATORIAL
UGANDA
RUANDA
KENIA
Mombassa
CONGO
TANZANIA
Luanda
MALAUI
ANGOLA
ZAMBIA
MOZAMBIQUE
MADAGASCAR
BOTSUANA
N
SUAZILANDIA
LESOTO
Ciudad del Cabo
1.000 km

Principales receptores de ayuda económica y militar soviética, 1954-1976
Principales receptores de ayuda económica y militar norteamericana, 1956-1975

Mapa 43. La invasión soviética de Afganistán

Afganistán no era un probable campo de batalla de la Guerra Fría. Aislado, inhóspito y sin recursos naturales, estaba demasiado empobrecido para atraer la atención exterior. Su gobierno había mantenido la independencia frente al vecino soviético gracias a sus cordiales relaciones con Moscú, la inclusión entre los no alineados y la aceptación de la ayuda económica norteamericana, pero no de la militar. Una situación admisible tanto para Estados Unidos como para la URSS.

Los orígenes de la desastrosa inestabilidad que derivó en casi veinticinco años de derramamiento de sangre eran internos. En el país había profundas divisiones, en parte regionales, étnicas y religiosas. Afganistán estaba constituido por varios grupos étnicos: a los uzbekos y tayikos del norte nos les gustaban los pastunes del sur. Frente al predominio de la rama suní, la minoría chiita (15 por 100 de la población) sufría graves discriminaciones. El rey, Zahir Sha, era débil e incompetente. El creciente descontento se plasmó en dos direcciones incompatibles: una pretendía que Afganistán se convirtiese en república islámica gobernada la ley islámica o *Sharia;* otra apuntaba hacia el socialismo. El PDPA (Partido Demócrata-popular de Afganistán), muy afianzado entre los pastunes, quería acabar con el feudalismo e imponer la modernidad occidental. En 1973 tres años de sequía desgastaron a Zahir Sha, que fue depuesto. En 1978 el PDPA dio un golpe de estado, al parecer con aprobación de los soviéticos.

En su afán por abolir el feudalismo, el PDPA no tuvo en cuenta los sentimientos religiosos de las gentes del campo y las realidades económicas que regían sus vidas. La concesión de igualdad de derechos a las mujeres, la limitación del precio de las novias y el establecimiento de una edad mínima para contraer matrimonio ofendieron enormemente a los campesinos. Hacía falta una campaña de alfabetización masiva, pero el gobierno provocó a la gente al insistir en la coeducación. Era necesaria la reforma de la tierra, pero la mala administración hizo que casi nadie confiase en la legalidad de la tierra que le habían concedido, aparte de que quedaron grandes extensiones sin utilizar. La limitación de los tipos de interés conllevó la desaparición del crédito, con lo cual muchos agricultores no pudieron comprar semillas ni fertilizantes. Por otro lado, se miraba con aversión el creciente número de técnicos soviéticos.

No resulta sorprendente que se desarrollase una fuerte reacción islámica en el campo. Los clérigos islámicos predicaban la *yihad* o guerra santa contra el gobierno ateo. El resultado fue el caos. En todo el país estallaron rebeliones localizadas. El ejército no fue capaz de mantener el orden; en realidad, gran número de soldados se pasaron a los rebeldes. A finales de 1979 el PDPA había perdido el control de gran parte del país y no tenía perspectivas de supervivencia.

Moscú debía decidir si abandonaba o no al régimen. La revolución iraní de 1979 había alarmado a la URSS, pues existía el peligro de que se extendiese a los musulmanes soviéticos. Afganistán podía actuar de zona parachoques, protegiendo a la URSS del fundamentalismo islámico. Sin duda, una invasión agriaría mucho las relaciones este-oeste, pero las relaciones ya estaban deterioradas debido a las críticas de Carter sobre el tratamiento de los derechos humanos. El 10 de diciembre la OTAN decidió desplegar misiles crucero en Europa, ante lo cual quedó claro que no tenía sentido mantener la distensión. Además, Occidente no había hecho nada cuando la URSS intervino para apoyar a los gobiernos comunistas de Checoslovaquia y Hungría. La intervención soviética se limitaría a instalar un nuevo líder más fiable, Babrak Karmal. Los soldados soviéticos estarían en el país sólo mientras Karmal afianzase el régimen, reconstruyese el ejército y acabase con los rebeldes. Occidente denunciaría la intervención, pero pronto la olvidaría.

La invasión comenzó el 25 de diciembre de 1979. Los planes se basaron en la invasión de Checoslovaquia de 1968. Tropas aéreas se ocuparon de los aeropuertos, mientras las fuerzas motorizadas recorrían el sur y bloqueaban el sistema de transporte. El líder en ejercicio, Hafizullah Amin, fue asesinado, y ocupó su lugar Karmal, que había pedido la intervención soviética. La operación militar fue un completo éxito, pero la URSS enseguida comprendió que, en términos políticos, había cometido un error nefasto.

La resistencia fue inicialmente urbana y en las provincias lindantes con Pakistán. Enseguida hubo quince muyahidines o grupos de resistencia en lucha, concentrados sobre todo en las zonas montañosas, atravesando las rutas de transporte. Estados Unidos y China armaron de buena gana a los muyahidines, que en 1985 recibieron los más modernos misiles «lanzadera» norteamericanos, capaces de derribar los helicópteros soviéticos. La guerra fue de una cruel intensidad. Los muyahidines torturaban a los prisioneros hasta la muerte. Las fuerzas soviéticas recurrieron al «genocidio migratorio», destruyendo las cosechas para obligar a la población a abandonar la tierra.

La guerra se convirtió en el Vietnam de la URSS. No se le veía fin, y la moral de las tropas soviéticas se derrumbaba entre consumo de drogas y escaso rendimiento en el campo de batalla. La oposición dentro de la URSS se acentuó. En 1986 el nuevo líder soviético, Mijaíl Gorbachov, decidió recortar las pérdidas. Las fuerzas soviéticas se retiraron en 1989, dejando tras de sí un gobierno del PDPA encabezado por Mohamed Najibullah. Debido a las luchas entre los grupos muyahidines, sobrevivió hasta 1992 y duró más que la propia URSS. Los muyahidines lucharon entre sí, provocando aún más miseria en Afganistán. Irónicamente, dados los acontecimientos posteriores, se acusó al presidente Clinton de promover el apoyo paquistaní y saudí a un nuevo ejército religioso que se declaraba capaz de restaurar el orden en Afganistán: el ejército talibán.

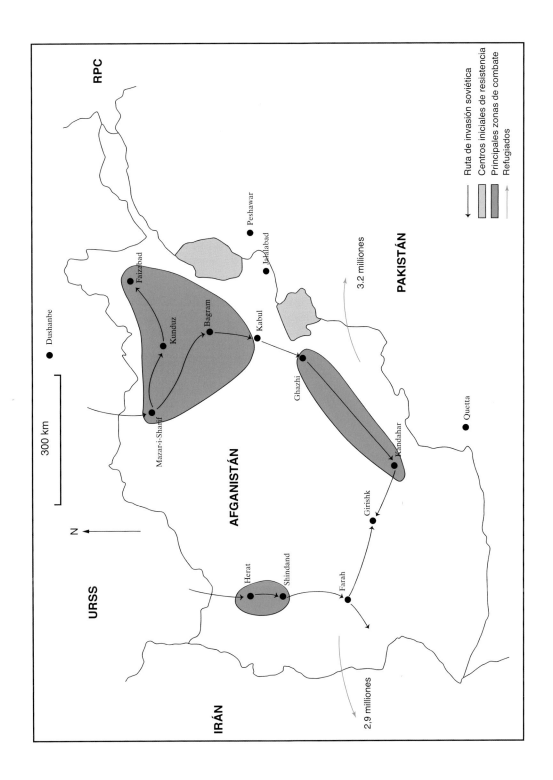

RPC

Dushanbe

URSS

IRÁN

AFGANISTÁN

Herat
Shindand
Farah
Girishk
Kandahar
Ghazhi
Kabul
Bagram
Kunduz
Faizabad
Mazar-i-Sharif
Jalalabad
Peshawar
Quetta

PAKISTÁN

N

300 km

3.2 milliones

2,9 milliones

Ruta de invasión soviética
Centros iniciales de resistencia
Principales zonas de combate
Refugiados

Mapa 44. *Los primeros años de Reagan: la renovación de la Guerra Fría*

Las sanciones del presidente Carter contra la URSS por la invasión de Afganistán pusieron fin a la distensión de los años setenta. La subida al poder de Reagan en enero de 1981 marcó el inicio de una grave intensificación de la Guerra Fría. Reagan tenía ideas muy simples: para él el comunismo encarnaba el mal y era responsable de todas las desgracias del mundo. El nuevo presidente estaba decidido a acabar con las dudas y vacilaciones que habían caracterizado la política exterior norteamericana en los años posteriores a la guerra de Vietnam.

Reagan deseaba emplear la fuerza donde podía resultar decisiva de forma inmediata. En cualquier otro caso, prefería la retirada. Una breve incursión en el Líbano terminó rápidamente después de que un terrorista suicida asesinase a doscientos cuarenta y un infantes de marina norteamericanos en octubre de 1983. Había que «liberar» a Nicaragua, país que Reagan consideraba víctima de la agresión cubana y soviética, de los sandinistas. Interpretó como debilidad los gestos conciliadores de Nicaragua y Cuba y respondió presionando cada vez más a los dos países, lo cual le causaría graves problemas. En 1982 el Congreso limitó la ayuda no militar a los Contras a veinticuatro millones de dólares.

Otra fuente de dinero era la Guerra Irano-iraquí. Ninguno de los bandos contendientes era amigo de Estados Unidos, y Reagan no quería que ganase nadie. El empate le parecía aceptable, para lo cual Estados Unidos se dedicó a armar al que perdía. En 1986 el apoyo se inclinó hacia Irán. Reagan autorizó la venta de armas, que violaba las leyes estadounidenses, y utilizó los beneficios ilegalmente obtenidos para subsidiar a los Contras. Cuando el asunto se hizo público, los medios de comunicación amenazaron con destruir la presidencia de Reagan.

El escándalo Irán-Contra se produjo casi al final de la presidencia de Reagan, como el bombardeo estadounidense de Libia, represalia por los ataques terroristas contra soldados americanos. El bombardeo violaba de forma flagrante el derecho internacional, aparte de que los probables culpables de los ataques eran Siria o Irán. Pero encajaba con la postura de Reagan de emplear la fuerza donde resultase más efectiva: Libia era un blanco «más fácil» y Gadafi uno de los principales objetivos de la hostilidad americana.

Estas acciones eran típicas de la decisión de Reagan de realizar una política exterior más firme. Para ello no dudó en ayudar de forma descarada a los muyahidines. También autorizó el apoyo a las guerrillas derechistas de Angola y Mozambique. En Camboya ayudó a los asesinos jemeres rojos porque luchaban contra la ocupación vietnamita. En América Central, el apoyo a la contrainsurgencia provocó miles de muertos.

Estas medidas gozaban de popularidad en Estados Unidos. La confianza de los americanos se incrementó. No se tuvieron en cuenta las opiniones de los soviéticos sobre las políticas de Reagan.

Los soviéticos, cada vez más alarmados ante tales agresiones, empezaron a sospechar que Reagan pensaba seriamente en la guerra. Otros movimientos de los norteamericanos contribuían a esta idea. En 1983 se desplegaron misiles crucero en Europa, a pesar de las enérgicas objeciones soviéticas. Para Estados Unidos se trataba tan sólo de una respuesta al misil balístico de rango intermedio SS-20 de los años setenta. Sin embargo, dados los temores soviéticos, parecía otro gesto de agresión innecesario.

El Kremlin dio excesiva importancia a una serie de actos de Reagan. La venta de armas americanas a China en junio de 1981 pretendía facilitar la cooperación en el suministro de los muyahidines, pero Moscú la interpretó como la gestación de una alianza estratégica. La retórica de Reagan, que describía a la URSS como el «imperio del mal», se consideró seriamente amenazadora. Cuando un avión de pasajeros, vuelo KAL 007, fue tiroteado por violar el espacio aéreo soviético, la denuncia que Reagan hizo de semejante «barbarie» confirmó dichos temores. No se sabe si los líderes soviéticos tenían conocimiento de que la CIA había proporcionado fondos al movimiento polaco de Solidaridad. Si lo hubieran hecho, habría sido una gran provocación.

Sin embargo, para los soviéticos no había nada más amenazante que el programa de rearme masivo de Reagan. En las primeras dos semanas de su presidencia, Reagan incrementó el gasto de defensa hasta treinta y dos billones de dólares, mientras que el gasto social se recortaba, provocando elevadas tasas de pobreza y mendicidad en Estados Unidos. La inversión en armas siguió aumentando y derivó en un gran déficit presupuestario. Reagan quería una carrera armamentística, pues pensaba que la economía norteamericana podía soportar las tensiones y la economía soviética no. La URSS la interpretó como una seria preparación para la guerra. Los comentarios realizados por Reagan en noviembre de 1981 afirmando que un intercambio nuclear en Europa no conduciría forzosamente a un intercambio nuclear estratégico entre Estados Unidos y la URSS se consideraron horriblemente temerarios.

Brézhnev murió en noviembre de 1982 y su sucesor, Andropov, quería negociar la reducción de armas. A Reagan no le interesaban las negociaciones hasta que su programa armamentístico le permitiese afrontarlas desde una posición de fuerza. En un discurso televisado en marzo de 1983 Reagan desveló su Iniciativa para la Defensa Estratégica e insistió en que Estados Unidos podía y debía defenderse de un ataque nuclear. Se refirió a un paraguas defensivo de satélites y al empleo de rayos y láseres para destruir los misiles enemigos al vuelo. Esta idea fue muy ridiculizada en Occidente, donde se denominó «guerra de las galaxias». Pero la Unión Soviética no podía ignorarla, pues existía la remota posibilidad de que funcionase. Los soviéticos tenían que emprender una carísima carrera armamentística en el espacio o arriesgarse a un Estados Unidos invulnerable.

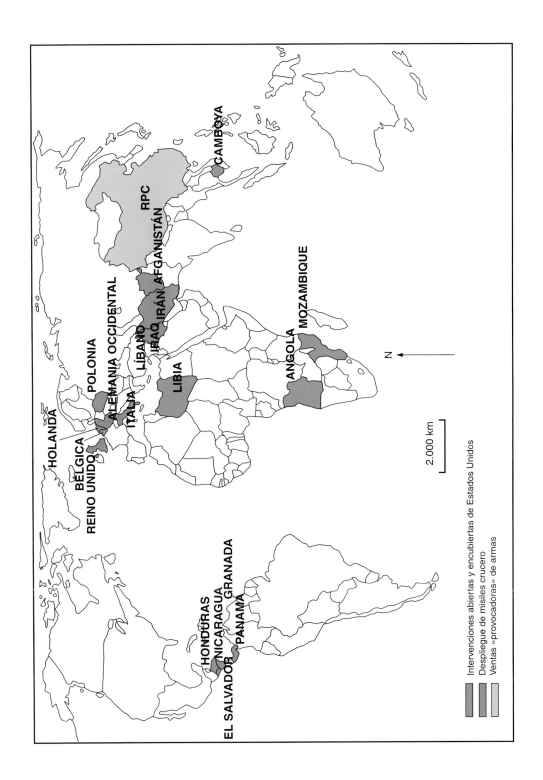

CAMBOYA

RPC

AFGANISTÁN

IRÁN

IRAQ

LÍBANO

ALEMANIA OCCIDENTAL

POLONIA

ITALIA

HOLANDA

BÉLGICA

REINO UNIDO

LIBIA

ANGOLA

MOZAMBIQUE

N

2.000 km

HONDURAS

NICARAGUA

GRANADA

PANAMÁ

EL SALVADOR

Intervenciones abiertas y encubiertas de Estados Unidos

Despliegue de misiles crucero

Ventas «provocadoras» de armas

EL FIN DE LA GUERRA FRÍA
Y LOS AÑOS POSTERIORES

Mapa 45. Las reformas de Gorbachov

Mijaíl Gorbachov era un líder soviético inusual. En marzo de 1985, a los cincuenta y cuatro años, se podía considerar joven. Se trataba del primer líder soviético nacido después de la revolución, lo cual significaba que no había militado activamente en el comunismo durante las atrocidades de Stalin. Poseía educación superior, una licenciatura en Derecho. Y aunque era marxista convencido, no se mostraba ciego ante los fracasos del sistema soviético. Gorbachov se dio cuenta de que la URSS sufría una crisis cada vez mayor y decidió atajar los problemas.

El estancamiento económico causó graves dificultades en la Unión Soviética durante los años ochenta. El descontento generado por las deficiencias del sistema soviético se unió al feroz odio provocado por los privilegios de la elite política. La represión sofocó los desacuerdos, pero si no se abordaban sus causas, el Estado tendría que enfrentarse a una seria crisis que podría destruirlo. Gorbachov diseñó un enfoque doble para atajar los problemas soviéticos: la *perestroika* o reestructuración, que pretendía reformar el Estado y el sistema partidista por completo para garantizar su estabilidad a largo plazo; y la *glasnost* o apertura al escrutinio, que obligaba al Estado a ser más franco y a no ocultar las deficiencias y los errores; también permitía a los ciudadanos airear sus quejas y expresar críticas en público, al menos los que se oponían a la *perestroika*.

Naturalmente, estas reformas exigían la inversión de muchos recursos hasta entonces militares, para lo cual había que mejorar las relaciones con Occidente. Con Reagan en la presidencia de Estados Unidos no existían muchas esperanzas. Sin embargo, Gorbachov estableció buenas relaciones personales con Reagan, que había reforzado el potencial militar norteamericano y se veía capaz de negociar desde una posición de fuerza. Gorbachov aceptó hacer concesiones para recortar drásticamente el gasto militar. Empezó por retirar a la URSS de la guerra de Afganistán. Aceptó recortes desiguales de armas, dado el mayor número de fuerzas soviéticas en Europa, y algo que ningún otro líder soviético se había atrevido a contemplar: los estrictos procedimientos de verificación que Estados Unidos siempre había exigido en las negociaciones sobre control de armas.

El resultado fue el Tratado de Fuerzas Nucleares de Alcance Medio, firmado en diciembre de 1987. Se trataba del primer acuerdo de reducción de armas nucleares, tras el cual se destruyeron un tipo de ellas, unos dos mil quinientos misiles nucleares de alcance medio. En menos de dos años cambiaron totalmente las relaciones este-oeste. Moscú había pasado de temer un inminente ataque nuclear a ver cercano el fin de la Guerra Fría.

Por desgracia para Gorbachov, el éxito en el extranjero no le supuso el éxito en su propio país. Había comprendido la necesidad de transformar la URSS, pero no tenía ideas claras al respecto y sus medidas políticas fueron boicoteadas por la oposición conservadora dentro del Estado y del partido. Gorbachov cometió el error fatal de no reconocer que algunos problemas soviéticos eran totalmente irresolubles.

El resultado fue un montón de tímidas medidas presentadas por un grupo de reformadores serios que tuvieron que lidiar con fuerzas económicas malentendidas. Pretendían transformar la economía, pero manteniendo el control del partido sobre ella, lo cual excluía el libre mercado. Querían montar empresas que respondiesen a la demanda y produjesen mercancías de mejor calidad en cantidad suficiente y a bajo precio. Pero el sistema estaba lleno de conservadores que detestaban esas ideas y estaban decididos a rechazarlas. Dichas medidas sólo lograron acabar con las fuerzas de coerción que lastraban la economía soviética. El resultado fue la ralentización económica.

Éste era sólo uno de los muchos problemas de Gorbachov. Para reducir las altas tasas de alcoholismo crónico y acabar con la embriaguez en el trabajo, introdujo una serie de leyes sobre consumo de bebidas muy puritanas e imprudentes. El número de establecimientos que vendían alcohol se recortó drásticamente, al igual que las horas de apertura de los mismos, su ubicación y las personas a las que se podía servir. Como era previsible, y al igual que en Estados Unidos, la prohibición enriqueció y contribuyó a la prosperidad de organizaciones criminales muy arraigadas. La popularidad de Gorbachov se resintió.

En abril de 1986 sufrió un golpe peor con la explosión del reactor nuclear de Chernóbil. Gorbachov, aterrorizado, intentó ocultar la catástrofe en un primer momento y Kiev tardó días en ser advertida. Desde diciembre de 1984 Gorbachov hablaba de *glasnost*; ¿era una farsa?

En realidad, la *glasnost* no fue del todo una farsa. Cuando se adoptó oficialmente en 1987, los recuerdos de Chernóbil contribuyeron a radicalizar el término ante el público de forma alarmante. En julio de 1989 se produjo una gran huelga minera de fatales consecuencias. Para empeorar las cosas, las exigencias económicas no tardaron en convertirse en políticas y en reclamar los sindicatos libres. Al final se recurrió a sobornar a los mineros, pero había claros indicios de que cada vez se aproximaba más la gran crisis que Gorbachov quería evitar.

Salieron a la luz otras quejas más peligrosas. La antigua hostilidad entre azerbaiyanos y armenios explotó violentamente a principios de 1988 al debatirse el futuro del enclave armenio de Nagorno-Karabaj. La violencia étnica no tardó en surgir en otras repúblicas soviéticas. El Estado parecía impotente para contenerla. La supervivencia de la URSS se hallaba en entredicho.

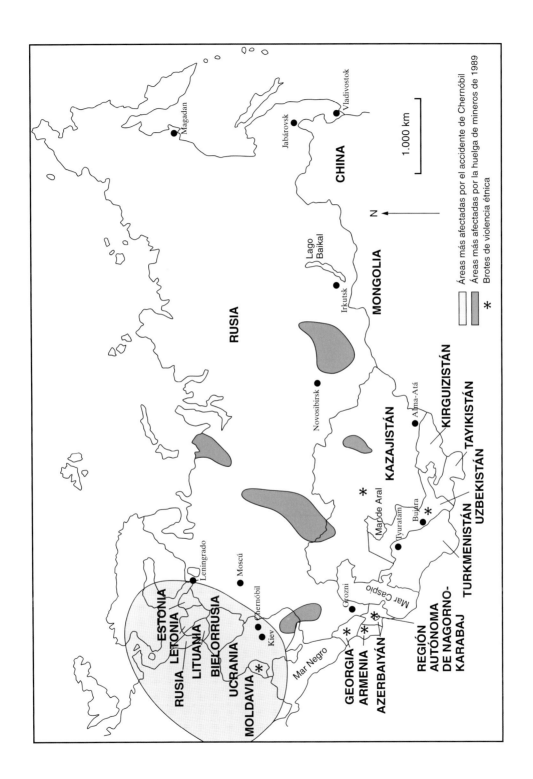

Áreas más afectadas por el accidente de Chernóbil

Áreas más afectadas por la huelga de mineros de 1989

* Brotes de violencia étnica

1.000 km

CHINA

RUSIA

MONGOLIA

KAZAJISTÁN

KIRGUIZISTÁN

TAYIKISTÁN

UZBEKISTÁN

TURKMENISTÁN

ESTONIA

LETONIA

RUSIA

LITUANIA

BIELORRUSIA

UCRANIA

MOLDAVIA

GEORGIA

ARMENIA

AZERBAIYÁN

REGIÓN
AUTÓNOMA
DE NAGORNO-
KARABAJ

Magadan

Vladivostok

Jabárovsk

Lago
Baikal

Irkutsk

Novosibirsk

Alma-Atá

Mar de Aral

Tyuratam

Bujará

Leningrado

Moscú

Chernóbil

Kiev

Grozni

Mar Caspio

Mar Negro

N

Mapa 46. La caída del comunismo en Europa del Este

Gorbachov tenía entre sus reformas la de transformar las relaciones soviéticas con otros países comunistas europeos. El Pacto de Varsovia ya no tenía razón de ser, pues no resultaba creíble una invasión de la OTAN. Si la OTAN atacaba con misiles, la zona parachoques construida por Stalin no serviría de nada. En vez de contribuir a la economía soviética, el Pacto de Varsovia se había convertido en una considerable carga, puesto que necesitaba las subvenciones de la URSS para mantener unos niveles de vida tolerables. Por otro lado, la relajación del control soviético en el este mejoraría las relaciones soviéticas con el oeste.

La transformación de la Unión Soviética resultó frustrante debido a la resistencia de los conservadores, a la ralentización económica, al creciente descontento público y a la violencia étnica. Pero seguía teniendo enorme influencia sobre los países comunistas europeos. La URSS era producto de la Revolución rusa, obra de los propios rusos, lo cual le daba una legitimidad que ni siquiera los disidentes discutían; querían cambiar la URSS, no destruirla. En Europa del Este, Stalin había impuesto regímenes comunistas a la fuerza. Estos regímenes se consideraban ajenos, con colaboradores a la cabeza y respaldados por el Ejército Rojo. La opinión popular, en caso de que hubiese podido expresarse, no quería la reforma de dichos regímenes, sino su abolición.

En Alemania Oriental no sólo era el régimen comunista el que carecía de legitimidad, sino la propia nación. Cuarenta y cinco años después de la partición, los alemanes seguían sin aceptar que fuese permanente. En Bulgaria, Rumanía y Albania el Estado impulsó la xenofobia con la esperaza de aprovechar los temores a las amenazas extranjeras. Sin embargo, no logró ocultar la gran prosperidad que se vivía en el oeste, en comparación con la pobreza que reinaba en esos países. La mala administración económica había provocado muchas privaciones. En los años ochenta hubo escasez crónica de alimentos en Rumanía, racionamientos regulares y la completa supresión de la calefacción en invierno.

Estos países no podían salvarse con reformas. El descontento se frenaba con represión. Un intento serio de reforma o los debates políticos acabarían con ellos. A Gorbachov le asombraba que no quisiesen seguir su ejemplo, aunque sin darse cuenta ya había dado el primer paso hacia su destrucción. Para mantener buenas relaciones con Occidente y permitir que sus vecinos emprendiesen reformas libremente, Gorbachov decidió no repetir intervenciones como la de Hungría en 1956 y Checoslovaquia en 1968, lo cual negaba a esos países la sanción contra la protesta política. La certeza de que el Ejército Rojo aplastaría cualquier desafío a los gobiernos comunistas había hecho enmudecer las críticas. En 1989 era evidente que eso no volvería a ocurrir.

Habían surgido las primeras grietas en el edificio comunista. En mayo de 1988 los comunistas aceptaron el cambio en Hungría. El viejo líder de la línea dura, Janos Kadar, fue depuesto por los reformadores. El alzamiento de 1956 dejó de calificarse de contrarrevolucionario y pasó a denominarse levantamiento popular, lo cual significaba que los comunistas habían actuado ilegalmente al sofocarlo. En enero de 1989 se anunciaron elecciones pluripartidistas para el año siguiente; los comunistas admitían su renuncia.

En Polonia Wojciech Jaruzelski intentó conseguir el apoyo popular a su política convocando un referéndum en noviembre de 1987, pero chocó con la reforma de Solidaridad y sus exigencias de cambios sustanciales. Jaruzelski emprendió negociaciones con Solidaridad y aceptó muchas reformas radicales. En abril de 1989 se convocaron unas elecciones en las que se disputaban la mitad de los escaños. Solidaridad obtuvo una victoria arrolladora. En los escaños que no entraban en disputa, la mayoría de los comunistas no obtuvieron el 50 por 100 de votos necesarios para resultar elegidos. Jaruzelski siguió ocupando la presidencia, pero los comunistas entregaron el poder pacíficamente.

En Bulgaria y Checoslovaquia manifestaciones masivas convencieron a los gobiernos para negociar con una oposición surgida con sorprendente celeridad. En Alemania Oriental Honecker intentó aferrarse al poder. Por desgracia para él, los húngaros decidieron abrir las fronteras, lo cual propició una estampida de alemanes orientales hacia Alemania Occidental a través de Hungría. Los comunistas se pusieron nerviosos cuando el pueblo alemán derribó el muro de Berlín. El Estado de Alemania Oriental había dejado de existir.

En Rumanía Ceaucescu también se aferró al poder. Su ejército disparó contra los manifestantes en Timisoara en diciembre de 1989. Pero a los pocos días Ceaucescu fue abucheado en un mitin y una multitud enfurecida lo expulsó de su palacio. Tras una serie de dudas, el ejército se unió a los rebeldes. Ceaucescu fue capturado y asesinado poco después. En Albania la huída masiva de refugiados, junto con el saqueo de comida, los robos y la anarquía, obligaron a los comunistas a entregar el poder en 1992. En Yugoslavia el régimen comunista había empezado a deshacerse con la muerte de Tito en 1980. Las crecientes tensiones étnicas fueron aprovechadas por destacados comunistas, como Slobodan Milosevic, para retener poder personal. El país se hallaba en vías de una horrible guerra civil.

La transición a la democracia no fue instantánea. En Rumanía y Bulgaria los comunistas siguieron gobernando durante un tiempo bajo otro nombre. Pero la velocidad del derrumbamiento del comunismo sorprendió a todo el mundo. Se trataba de otra humillación para Gorbachov, cuya posición era cada vez más débil.

N

URSS

DINAMARCA

Hamburgo

Gdansk

POLONIA

Berlín
Varsovia

ALEMANIA
OCCIDENTAL

ALEMANIA
ORIENTAL

400 km

Praga

Núremberg

CHECOSLOVAQUIA

Lvov

Viena

Múnich

AUSTRIA

Budapest

HUNGRÍA

RUMANÍA

Zagreb
Belgrado

Bucarest

YUGOSLAVIA

ITALIA

BULGARIA

Sofía

TURQUÍA

Roma

Tirana

ALBANIA

GRECIA

→ Ruta de huída de Alemania oriental
Transición pacífica del comunismo
Transición violenta del comunismo
Guerra civil y genocidio

Mapa 47. El desmembramiento de la URSS

En 1989 a Gorbachov se le echaron encima dos irresolubles problemas de la Unión Soviética: la crisis económica y la cuestión de las nacionalidades. Tanto la Rusia imperial como la soviética habían aplicado una única solución a estos problemas: la coerción. Pero Gorbachov, siguiendo las líneas básicas de la *perestroika*, no contemplaba dicha solución. La KGB seguía existiendo, pero su prestigio, autoridad y moral se hallaban por los suelos. El Partido Comunista de la Unión Soviética (PCUS) estaba dividido entre conservadores y reformadores, con el prestigio y la moral hundidos. Por otro lado, Gorbachov con la *glasnost* había puesto el debate político en manos del público y derivó hacia lugares que no se habían previsto. En realidad, Gorbachov estaba perdiendo el control de la URSS.

El presidente tardó demasiado en darse cuenta de que las medias tintas de sus reformas no iban a funcionar. Había que reinstaurar el control del Estado, lo cual resultaba políticamente imposible, o abandonarlo del todo. Abandonar los controles del Estado equivalía a abandonar el marxismo. Un rígido programa de austeridad podía dar cierta estabilidad a la economía, pero Gorbachov ya no tenía popularidad para imponer una medida semejante. Desesperado, pidió a Estados Unidos un programa de ayuda a gran escala, de veinte billones de dólares al año durante cinco años. Washington se mostró escéptico; la economía soviética parecía insalvable. Además, con la tensión tan reducida, ¿para qué iba Estados Unidos a apoyar al héroe del pasado?

La oposición a Gorbachov aumentó. Los conservadores se unieron para bloquear las reformas, mientras que los reformistas exigían cambios más radicales. Entre estos últimos destacaba Boris Yeltsin, antiguo jefe del PCUS de Moscú, que había dimitido en octubre de 1987 en protesta por la resistencia de los conservadores a las reformas. Las recientes libertades de prensa lo mantenían en primer plano. En marzo de 1989, en las primeras elecciones de la URSS en las que los votantes podían elegir de verdad, Yeltsin recuperó su cargo en el parlamento de la república rusa. La libertad de prensa también propició que se hablase de alternativas al comunismo. El tema prendió entre las casi cien nacionalidades que componían la URSS. Las tensiones étnicas se agravaron. Hubo reacciones violentas en muchas nacionalidades, sobre todo en las de Asia central, resentidas por la discriminación sufrida a manos de los rusos. Las revueltas étnicas y los ataques se convirtieron en cosa habitual.

Resultó aún más amenazante la decisión de las repúblicas de separarse de la URSS. Por ejemplo, los Estados bálticos Estonia, Letonia y Lituania, nunca habían aceptado la legitimidad de su forzosa incorporación a la Unión Soviética. Los nacionalistas, muchos de ellos miembros del PCUS, se afianzaron bajo la bandera de la *perestroika* y declararon la independencia en 1990. No los achicaron los esfuerzos de Gorbachov para hacerlos volver al redil a base de intimidaciones y presiones económicas. Gorbachov ofreció un nuevo tratado de unión con las repúblicas que restablecería la URSS sobre bases más equitativas. Pero casi nadie tomó la oferta en serio. Las repúblicas bálticas sólo querían la independencia. El hundimiento de los gobiernos comunistas en Europa del Este les daba alas. Otras repúblicas, entre ellas Ucrania, mostraron signos de ir en la misma dirección. La URSS parecía estar al borde de la desintegración. Los conservadores pidieron a Gorbachov que declarase el estado de emergencia y tomase medidas enérgicas contra las nacionalidades disidentes. El presidente se negó, y los conservadores comprendieron que debía marcharse.

Gorbachov, ajeno al peligro, se dispuso a disfrutar de sus vacaciones anuales en Foros, Crimea, en agosto de 1991. Mientras se encontraba ausente, una serie de miembros destacados del PCUS dio un golpe de estado militar. Gorbachov fue sometido a arresto domiciliario, pero se negó a dimitir. Los tanques circularon por las calles de Moscú. Un comité de emergencia anunció que había asumido el poder mientras Gorbachov estaba enfermo.

A Yeltsin se le consideró el héroe del momento. Cuando los tanques rodearon la Casa Blanca (el edificio del parlamento ruso), se presentó ante la prensa mundial, subió a un tanque y denunció al comité de emergencia, tildándolo de inconstitucional y advirtiendo que los que lo obedecieran, tendrían que rendir cuentas ante la ley. Una gran multitud rodeó la Casa Blanca para protegerla y se convocó una huelga general. El golpe se deshizo dos días después. En su momento fue aclamado como victoria del «poder popular». Sin embargo, los líderes del golpe demostraron una patética falta de resolución. Aunque contaban con elementos fiables de la KGB y con tropas del Ministerio del Interior, nunca pensaron en utilizar la fuerza. Si hubieran tenido la firmeza de arrestar a los potenciales oponentes y aplastar los primeros signos de oposición, habrían triunfado.

Los líderes del golpe querían salvar la URSS y, en realidad, la destruyeron. El PCUS se hallaba gravemente comprometido. Gran parte del secretariado, el comité central y las organizaciones regionales y locales del partido lo habían apoyado. Su fracaso significó el descabezamiento del PCUS y la KGB tras numerosos arrestos y despidos. Varias repúblicas se apresuraron a declarar la independencia. No había nada que mantuviese la unión de la URSS. Yeltsin asumió el control de Rusia. En diciembre, junto con los líderes de Bielorrusia y Ucrania, declaró la URSS abolida en el acuerdo del Bosque de Belovezh. La Guerra Fría había terminado.

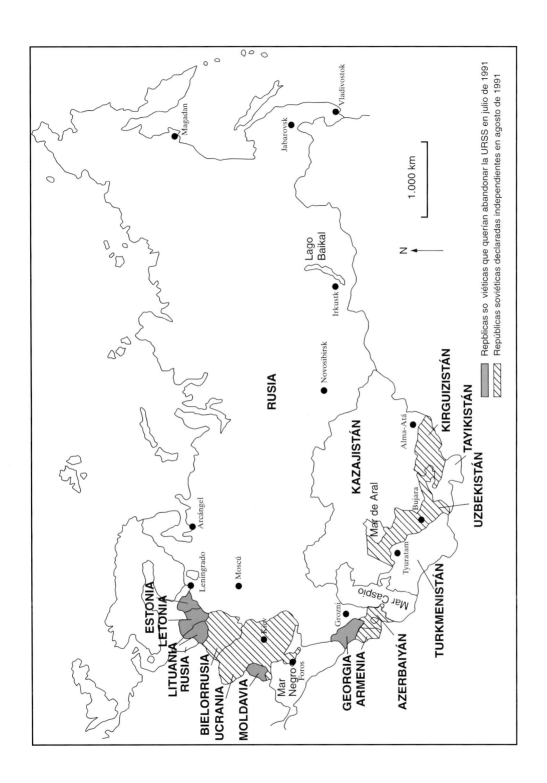

MAGADAN
Vladivostok
Jabarovsk

RUSIA

Lago
Baikal

Irkustk

Novosibirsk

Arcángel

ESTONIA
LETONIA
Leningrado
Moscú

LITUANIA
RUSIA
BIELORRUSIA
UCRANIA
MOLDAVIA
Kiev
Mar
Negro
Foros

Grozni

GEORGIA
ARMENIA
AZERBAIYÁN

Mar Caspio

KAZAJISTÁN
Mar de Aral

Tyuratam

TURKMENISTÁN

Alma-Atá

Bujara

KIRGUIZISTÁN
TAYIKISTÁN
UZBEKISTÁN

N

1.000 km

Repúblicas soviéticas que querían abandonar la URSS en julio de 1991

Repúblicas soviéticas declaradas independientes en agosto de 1991

Mapa 48. El legado de la Guerra Fría: Yugoslavia

El gobierno comunista de Yugoslavia empezó a desmoronarse con la muerte de Tito en 1980. Tito, que era croata, tenía categoría para estar por encima de las luchas étnicas que habían atormentado al Estado yugoslavo desde su creación a raíz de la Primera Guerra Mundial. Había reforzado a otros grupos étnicos limitando la influencia del más poderoso, el de los serbios. En 1974 Tito reformó la constitución para conceder la autonomía a dos regiones dentro de Serbia: Voivodina, con mayoría de población húngara y croata, y Kosovo, con un 93 por 100 de albaneses. Tras la muerte de Tito, las crecientes dificultades económicas, con una inflación galopante, acentuaron las tensiones étnicas.

Los comunistas más previsores y ambiciosos vieron venir el derrumbamiento del comunismo y comenzaron a reinventarse, declarándose nacionalistas. En Croacia se adelantó Franjo Tudman. Aunque el más destacado fue el serbio Slobodan Milošević. Desde 1986 se dedicó a agitar las quejas de los serbios, radicalizando a propósito el nacionalismo de Serbia con el fin de asegurar su propio poder.

Así se inició el proceso de demonización de otros grupos étnicos. A los croatas se los tachó de *Ustaše*, dándoles el nombre de los fascistas croatas que se habían alineado con los nazis en la Segunda Guerra Mundial, lo cual indicaba su deseo de exterminar a los serbios. A los albaneses se les trató de criminales que habían robado la tierra de Serbia y contaminado su cultura. Los serbios corrían el peligro de ser masacrados en Kosovo. Los musulmanes de Bosnia, descendientes de serbios y croatas que se convirtieron bajo los turcos, habían cometido una traición racial y, por tanto, eran capaces de cualquier atrocidad. Se los tildó de fundamentalistas islámicos que pretendían introducir su propia versión de la revolución islámica iraní.

En 1989 Milošević había adquirido gran influencia en Serbia y convenció a la Asamblea Nacional de Serbia para que anulase la autonomía de Voivodina y Kosovo. Tras aliarse con Montenegro, controlaba cuatro de los ocho votos de la presidencia de Yugoslavia. En otras nacionalidades cundió la alarma. Los nacionalistas de Croacia, Eslovenia y Macedonia se dispusieron a resistir posibles ataques contra sus derechos por parte de los serbios.

En enero de 1991 los serbios que vivían en Krajina, en el este de Croacia, intentaron impedir la independencia croata asumiendo el poder en la zona con la intención de incluirla en una Serbia más extensa. Cuando intervino la policía croata, encontraron resistencia y el ejército yugoslavo –en ese momento una fuerza muy sometida a los serbios– actuó con el pretexto de restaurar el orden. A partir de entonces se produjo el rápido desmembramiento de Yugoslavia.

Los serbios utilizaron tácticas, luego copiadas por otros, que tiñeron de brutalidad la guerra. Un aluvión propagandístico convenció a los pueblos serbios de que serían masacrados. Se pergeñaron incidentes violentos para alimentar el miedo. Se repartieron armas con el fin de que se utilizasen contra los vecinos no serbios. Se formaron milicias para expulsar a los no serbios mediante actos terroristas. La más infame fue la dirigida por Zeljko Raznjatovic, también llamado Arkan, que llevó a cabo asesinatos sistemáticos, violaciones y provechosos saqueos y contribuyó al proceso de «limpieza étnica» que pretendía que el país fuese exclusivamente serbio.

Estos acontecimientos resultaron catastróficos para la vecina Bosnia-Herzegovina, donde no predominaba ninguna nacionalidad capaz de reprimir o expulsar a las minorías. La población se componía de un 44 por 100 de musulmanes, 31 por 100 de serbios y 17 por 100 de croatas. Un objetivo muy débil para nacionalidades ambiciosas. Tudjman y Milošević habían acordado en secreto la división del país entre ellos. El líder musulmán, Alija Izetbegovic, se esforzó por establecer un gobierno de coalición que mantuviese la unión nacional, pero el líder serbio-bosnio, Radovan Karadzic, no estaba interesado. En abril de 1992 estalló la guerra civil. Las milicias serbio-bosnias, con el respaldo de unidades del ejército regular, hicieron rápidos avances.

Los croatas y los musulmanes constituyeron una precaria alianza, pero fueron incapaces de detener a los serbios. Cuando Sarajevo fue asediada y se cometieron todo tipo de atrocidades, buscaron ayuda en el exterior. La respuesta internacional fue de una debilidad patética. El embargo de armas contra todos los bandos favoreció los intereses de los bien equipados serbios. La opinión pública internacional contempló horrorizada la brutalidad, las violaciones sistemáticas, los asesinatos y la destrucción de la cultura, mientras sus gobiernos no hacían nada. En octubre de 1992 lord Owen y Cyrus Vance, en nombre de Naciones Unidas, sugirieron una división territorial concediendo a cada bando el territorio que ocupaba. Los serbios se vieron alentados a continuar luchando para apoderarse de más territorio. Los croatas recurrieron a sus aliados para hacerse con su propio espacio y atacaron Mostar.

Naciones Unidas respondió declarando seis ciudades «refugios seguros» bajo su protección. Se enviaron pacificadores de la organización, pero en medio de tantas restricciones que no pudieron hacer nada por defenderlas. La caída de Srebenica y Zepa, con las subsiguientes masacres, suscitó la repulsa internacional y obligó a la OTAN a realizar ataques aéreos. Esto y una victoriosa ofensiva croata que reconquistó territorio perdido, junto con fuertes sanciones obligaron a los serbios a firmar los Acuerdos de Dayton, que les concedían el 49 por 100 del territorio. Posteriormente, fueron necesarios más ataques aéreos para expulsar a los serbios de Kosovo en 1999. Aún quedaba por fijar el legado de la Guerra Fría en la zona.

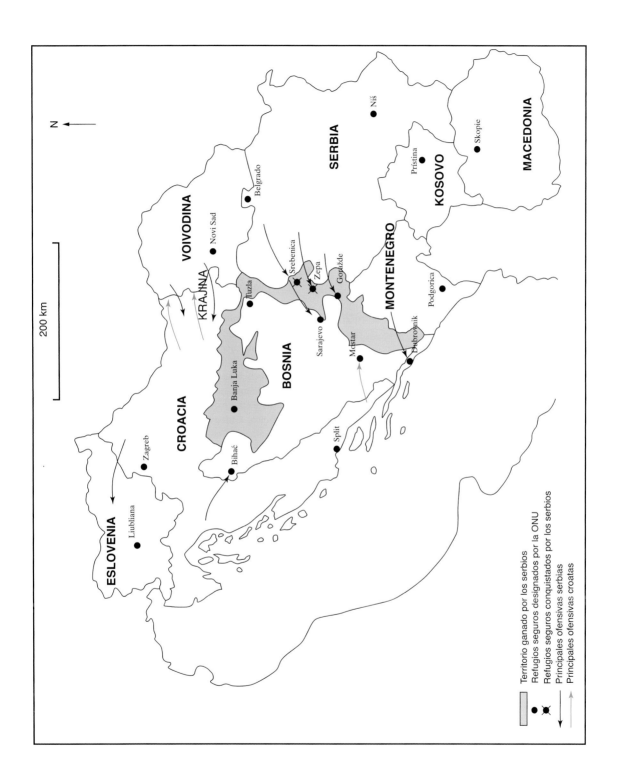

ESLOVENIA

Liubliana

CROACIA

Zagreb

VOIVODINA

Novi Sad

KRAJNA

Belgrado

SERBIA

Niš

KOSOVO

Príština

Skopie

MACEDONIA

Tuzla

BOSNIA

Banja Luka

Bihać

Srebenica

Žepa

Gorázde

Sarajevo

Mostar

MONTENEGRO

Podgorica

Dubrovnik

Split

N

200 km

Territorio ganado por los serbios

Refugios seguros designados por la ONU

Refugios seguros conquistados por los serbios

Principales ofensivas serbias

Principales ofensivas croatas

Mapa 49. El legado de la Guerra Fría: Rusia

El derrumbamiento de la URSS en 1991 fue recibido con inmenso optimismo. Los rusos dieron por sentado que no sólo tendrían la democracia de Occidente, sino también su riqueza. Además, Rusia seguiría siendo una gran potencia gracias a la Comunidad de Estados Independientes (CEI). En vez de temor, suscitaría respeto. Boris Yeltsin prometía paz, prosperidad y libertad. Se miraba al futuro con confianza. Por tanto, la decepción resultó amarga.

Una de las desilusiones fue el CEI. Otros Estados miembros no los consideraban instrumento para mantener el estatus de gran potencia de Rusia. Los Estados bálticos se negaron a unirse. Para Ucrania y Bielorrusia era la forma de librarse del dominio ruso pacíficamente. Ucrania mantenía una larga y enconada disputa con Rusia sobre la disposición de la poderosa flota soviética en el Mar Negro. Las amplias reservas de petróleo y de gas permitieron a Turkmenistán y a Azerbaiyán ignorar los intereses rusos. Sólo unos cuantos Estados como Uzbekistán, carente de recursos naturales, Tayikistán, Georgia y Armenia, que sufrían amenazas internas y externas, estaban dispuestos a aceptar el liderazgo ruso.

De la antigua URSS surgieron tres nuevos Estados –Ucrania, Bielorrusia y Kazajistán–, que se presentaron como potencias nucleares. Ucrania incluso fue durante un breve periodo la tercera potencia nuclear del mundo. Las cuantiosas ayudas de Occidente, más que los deseos rusos, los convencieron para que entregasen las cabezas nucleares a Rusia con el fin de destruirlas. En resumen, el CEI no mantuvo el estatus de gran potencia de Rusia. Occidente ignoró de forma reiterada los intereses y sensibilidades rusas.

La reforma política también resultó decepcionante. La constitución de 1993 otorgaba a Yeltsin grandes poderes sin el contrapeso de una fuerte legislatura. Cuando la Duma se enfrentó a Yeltsin en octubre de 1993 por el uso de los poderes extraordinarios, Rusia se vio al borde de una guerra civil. Los diputados disidentes se apoderaron de la Casa Blanca (edificio del parlamento) en un conato de golpe de estado y nombraron presidente a Alexander Rutskoi. Pero fueron derrotados enseguida, y el hecho apenas sirvió de ejemplo de democracia. Peor aún fue el empeño de Yeltsin de ignorar la constitución amañando las elecciones e intimidando a sus oponentes. Rusia nunca obedeció la ley, sino al poder. Yeltsin perdió la ocasión de corregir esto, lo cual derivó en arbitrariedad y corrupción.

En Rusia se alcanzó un grado de corrupción de proporciones desmesuradas. El crimen organizado prosperó. En el afán por privatizar empresas estatales, no se pensó que sólo los funcionarios corruptos y los delincuentes tenían medios para adquirirlas, lo cual provocó el hundimiento de la economía rusa y que los ciudadanos no obtuviesen ningún provecho. Mientras el Estado dejaba de pagar a los pensionistas y a sus empleados, los criminales se hacían multimillonarios. La extorsión arruinaba la empresa privada. El número de asesinatos doblaba al de Estados Unidos. Entre los rusos se extendió la idea de que el crimen organizado regía el país y el Estado no podía controlarlo. Los ciudadanos no recibían protección en caso de sufrir amenazas. Casi un millón de reclusos, la población penal mayor del mundo después de Estados Unidos, viviendo en condiciones horrendas, no han impedido que los delitos sigan propagándose.

La delincuencia y la corrupción desenfrenadas produjeron una gran contracción económica. Varias industrias, sobre todo las de defensa, que dependían de subvenciones y pedidos del gobierno, se hundieron. Otras fueron vendidas, sus activos malversados y los empleados despedidos. Con un creciente ejército de parados que luchaban por sobrevivir, la economía sumergida prosperó y los ingresos del Estado se redujeron. En 1998 una situación lindante con la bancarrota provocó el colapso financiero: el 60 por 100 de los rusos no recibían sus pagas ni sus pensiones regularmente. El robo a los empresarios se convirtió en pago en especie.

Algunas zonas sufrieron más que otras. En el aislado enclave de Kaliningrado, ocupado por Stalin en 1945, hubo beneficios. En esta parte del antiguo Imperio prusiano se establecieron inmigrantes alemanes. Su futuro económico parece bastante prometedor, pero no se sabe si seguirá formando parte de Rusia mucho tiempo. En Siberia la situación es muy distinta. Durante trescientos cincuenta años los gobernantes rusos utilizaron la fuerza para dominar Siberia y explotar sus enormes recursos. Asimismo, asumieron el gasto de mantener asentamientos en un territorio tan inhóspito. A partir de 1991 el Estado ruso no pudo sostener dicho esfuerzo. El resultado ha sido una catástrofe demográfica. El desempleo, la pobreza y la desesperanza han empujado a la población hacia el sur y el oeste. Algunas regiones han perdido más de la mitad de su población, sobre todo de jóvenes.

En Rusia se ha extendido una actitud escéptica ante el valor de la democracia. Si únicamente cabe elegir entre políticos corruptos, ¿de qué sirve votar? En las elecciones a la Duma de diciembre de 1993 los fascistas de Vladimir Zhirinovsky obtuvieron el 23 por 100 de los votos y estuvieron a punto de vencer a los comunistas. A partir de entonces los comunistas se han convertido en un partido aislado en la Duma. Zhirinovsky se comportó como un payaso, llegando a protagonizar películas pornográficas, y nadie lo ha tomado en serio. El voto comunista sólo tiene fuerza entre los rusos de más edad y no es probable que vuelva a triunfar. Pero los marginados de la Rusia de hoy sin duda preferirían una solución autoritaria a sus problemas. Si su número sigue creciendo, la democracia peligrará.

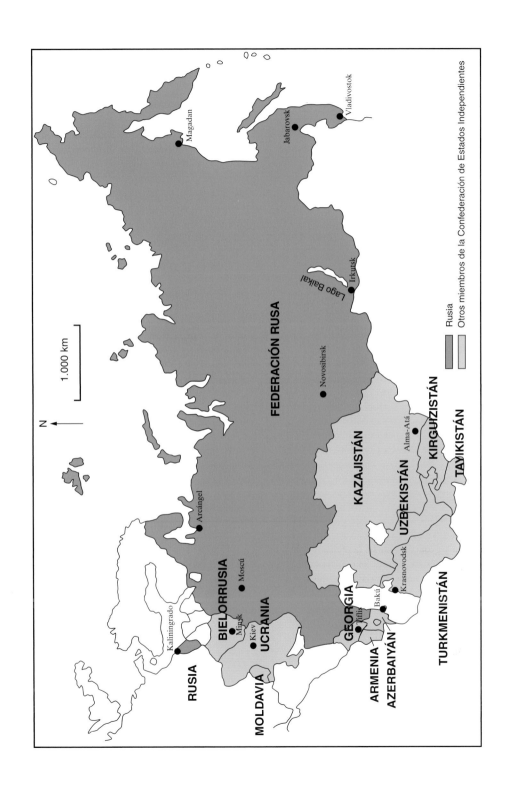

RUSIA

MOLDAVIA

BIELORRUSIA

UCRANIA

GEORGIA

ARMENIA

AZERBAIYÁN

TURKMENISTÁN

FEDERACIÓN RUSA

KAZAJISTÁN

UZBEKISTÁN

KIRGUIZISTÁN

TAYIKISTÁN

Kaliningrado

Minsk

Kiev

Moscú

Arcángel

Tiflis

Bakú

Krasnovodsk

Novosibirsk

Irkutsk

Lago Baikal

Alma-Atá

Magadan

Jabarovsk

Vladivostok

1.000 km

N

Rusia

Otros miembros de la Confederación de Estados Independientes

Mapa 50. El mundo comunista superviviente

Los años noventa fueron traumáticos para los comunistas. Si treinta años antes el comunismo avanzaba de forma inexorable, en ese momento luchaba para sobrevivir en unos cuantos países. Sólo había una nación verdaderamente significativa, la República Popular China. Las otras eran débiles, pobres y poco relevantes. Llama la atención que, para sobrevivir, los regímenes comunistas de estos países han tenido que llegar a compromisos con el mercado libre con el fin de evitar el desastre económico. Se mantiene el gobierno del partido único, pero la ideología marxista ya no determina la política gubernamental. Se podría decir que el gobierno comunista pervive gracias a abandonar el comunismo.

En China el pragmatismo guió la política gubernamental desde que Deng Xiaoping se convirtió en líder tras la muerte de Mao en 1976. No se trata de una coincidencia. La Revolución cultural (véase mapa 25) supuso un gran trastorno para China. Los últimos años de Mao resultaron desastrosos. La movilización política sin sentido destruyó el entusiasmo revolucionario del pueblo chino. La economía se hallaba en ruinas. Las granjas colectivas eran totalmente ineficaces. En los años cincuenta se habían construido muchas industrias pesadas con ayuda soviética, pero se encontraban en decadencia debido al exceso de mano de obra y a la escasez de inversiones.

Era necesaria una reforma económica con urgencia. Deng optó por introducir cierto grado de liberalismo económico: se concedieron incentivos materiales para mejorar el rendimiento, las granjas colectivas se desintegraron y se toleró un mercado libre limitado. En el terreno industrial, se aceptaron inversiones extranjeras. El exceso de mano de obra se redujo. La clase trabajadora china se encontró con que ya no tenía asegurado el trabajo y la vivienda de por vida. En términos económicos, los resultados fueron impresionantes. Las exportaciones se multiplicaron –casi siempre a base de piratear patentes extranjeras–, y China enseguida logró un enorme superávit, que se negó a reducir, de exportaciones con Estados Unidos.

El Partido Comunista Chino se había ganado el desprecio general por su corrupción y su actitud autoritaria. Por ejemplo, la política familiar del hijo único se consideraba draconiana e intrusista. El odio que surgió en los años ochenta alentó un deseo de cambio vago pero muy extendido. La *perestroika* de Gorbachov tuvo amplio eco. En abril de 1989 un movimiento de protesta estudiantil ocupó la plaza de Tiananmen de Pekín. La protesta se propagó enseguida a otras ciudades. Cuando Gorbachov realizó una visita de estado a Pekín en mayo de 1989, las multitudes concentradas en la plaza esperaban un cambio inminente. Tras la marcha de Gorbachov, el Partido Comunista Chino reaccionó violentamente. Los tanques del ELP (Ejército de Liberación Popular) atacaron a los manifestantes, matando a unos tres mil. En toda China se hicieron redadas contra activistas políticos considerados agentes norteamericanos o taiwaneses; muchos fueron asesinados.

El mensaje estaba claro: la República Popular China admitía la economía de mercado, pero seguía siendo un Estado unipartidista. Cuando la inquietud se calmó, la mayoría de los ciudadanos chinos lo aceptaron. Mientras hubiese una relativa prosperidad económica, se podía tolerar el gobierno del PCC. Sólo el riesgo de una grave crisis económica reavivó la inquietud. Pero mientras el ELP sea leal, la amenaza estará bajo control.

Otros países comunistas disfrutan de menos seguridad. Tanto Vietnam como Laos han sufrido una mala gestión económica. La nacionalización y la colectivización resultaron desastrosas. Los problemas se multiplicaron debido a los grandes perjuicios causados por la guerra. La hostilidad norteamericana y los embargos empeoraron las cosas. En 1998 se calculaba que el 37 por 100 de los vietnamitas vivían en graves condiciones de pobreza. La represión y la corrupción minaron la popularidad del comunismo. Un millón de personas de origen chino abandonaron Vietnam. A mediados de los años ochenta se impuso el pragmatismo económico, ambos países regresaron al libre mercado y se recuperaron los incentivos materiales. Estados Unidos levantó el embargo sobre Vietnam en 1994. Laos empezó a recibir ayuda norteamericana en 1987, sobre todo como estímulo para reducir la producción ilegal de opio, del que Laos era el tercer proveedor del mundo.

Corea del Norte lleva mucho tiempo hundida en el desastre económico. Años de abandono y de bajas inversiones han provocado el marasmo industrial. La sequía y la escasez de fertilizantes generaron una gran hambruna en los años noventa, aliviada por la ayuda internacional. La ayuda extranjera –casi siempre en forma de recompensa por la disminución de crisis creadas artificialmente– y la represión masiva han sostenido el liderazgo de Kim Jong-il.

En Cuba una mezcla de represión y hostilidad contra Estados Unidos ha sostenido el régimen de Fidel Castro. La pérdida de la ayuda soviética supuso un duro golpe, que obligó al régimen a modificar sus criterios económicos. Se desmontaron colectividades agrarias, se promovió el turismo y se aceptó la inversión extranjera, a pesar de las amenazas de Estados Unidos de imponer sanciones a quienes invirtiesen en intereses que habían sido norteamericanos. Sigue habiendo graves carencias de alimentos y de bienes de consumo. Existe un creciente deseo de cambios y los refugiados continúan huyendo a Estados Unidos. El gran activo de Castro es el miedo a que Cuba se vea obligada a regresar a la miseria, la penuria y la humillación de la época anterior a la revolución.

El análisis final permite ver que estos regímenes sobrevivirán mientras los militares los apoyen. La presión interna y las protestas mayoritarias sólo triunfarán si el ejército lo consiente. En el momento de escribir este libro, parecen seguros. Pero la situación podría cambiar de forma muy rápida.

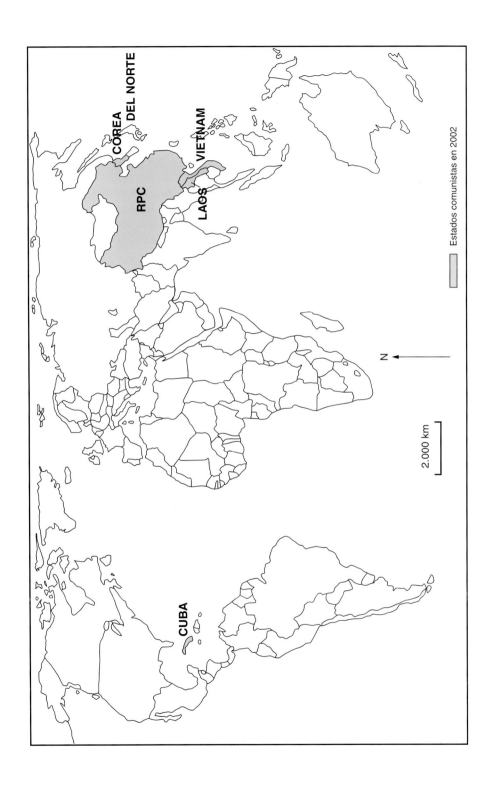

CÓREA DEL NORTE

VIETNAM

RPC

LAOS

CUBA

N

2.000 km

Estados comunistas en 2002

Bibliografía escogida

La siguiente lista de fuentes no pretende ser exhaustiva, pues el número de libros sobre el tema es demasiado abundante. Los trabajos mencionados se han escogido por su utilidad como estudios del periodo de la Guerra Fría en general o porque tratan temas específicos en profundidad. No se incluyen fuentes primarias porque hay tantas que no resultaría útil citarlas.

ADAMS, J., *The New Spies: Exploring the Frontiers of Espionage*, Londres, Hutchinson, 1994.

AITKEN, J., *Nixon: a Life*, Londres, Weidenfeld & Nicolson, 1993.

ALEXANDER, B., *Korea: the Lost War*, Londres, Pan, 1987.

ALPEROVITZ, G., *Atomic Diplomacy: Hiroshima and Postdam: the Use of the Atomic Bomb and the Confrontation with Soviet Power*, Londres, Secker & Warburg, 1966.

AMBROSE, S. E., *Eisenhower: Soldier and President*, Nueva York, Touchstone, 1990.

AMBROSE, S. E. y BISCHOF, G. (eds.), *Eisenhower: a Centenary Assessment*, Baton Rouge, Louisiana State University Press, 1995.

ANDREW, C. y GORDIEVSKY, O. *KGB: the Inside Story of its Foreign Operations from Lenin to Gorbachev*, Londres, Hodder & Stoughton, 1990.

ANTHONY, I. (ed.), *Arms Export Regulations*, Oxford, Oxford University Press, 1991.

BARBER, N., *The War of the Running Dogs: How Malaya Defeated the Communist Guerrillas, 1948-60*, Londres, Collins, 1971.

BERNSTEIN, I., *Promises Kept: John F. Kennedy's New Frontier*, Oxford, Oxford University Press, 1991.

BESCHLOSS, M. R., *Kennedy v. Khrushchev: the Crisis Years, 1960-63*, Londres, Faber & Faber, 1991.

BORKENAU, F. *The Communist International*, Londres, Faber & Faber, 1938.

BOYLE, P. G., *American-Soviet Relations from the Russian Revolution to the Fall of Communism*, Londres, Routledge, 1993.

BREGMAN, A., *Israel's Wars, 1947-93*, Londres, Routledge, 2000.

BREMER, J. J., *El fin de la Guerra Fría y el salvaje nuevo mundo*, Madrid, Taurus, 2007.

BROADWATER, J., *Eisenhower and the Anti-Communist Crusade*, Chapel Hill, University of North Carolina Press, 1992.

BROGAN, H., *Kennedy*, Londres, Longman, 1996.

BROWN, A., *The Gorbachev Factor*, Oxford, Oxford University Press, 1997.

—, *Contemporary Russian Politics: a Reader*, Oxford, Oxford University Press, 2000.

CALVOCORESSI, P., *Historia política del mundo contemporáneo. De 1945 a nuestros días*, Madrid, Akal, 1999.

CASTILLO, S., *La unificación de Corea: el epílogo de la «Guerra Fría»*, Madrid, Los Libros de la Catarata, 2002.

CHOMSKY, N., *The Fateful Triangle: the United States, Israel and the Palestinians*, Londres, Pluto Press, 1983.

—, *La segunda Guerra Fría*, Barcelona, Crítica, 1984.

CLUTTERBURK, R., *Riot and Revolution in Singapore and Malaya, 1945-63*, Londres, Faber & Faber, 1973.

COLLINS, J. J., *The Soviet Invasion of Afghanistan: a Study in the use of Force in Soviet Foreign Policy*, Lexington, Lexington Books, 1986.

CONQUEST, R., *The Harvest of Sorrow: Soviet Collectivisation and the Terror-Famine*, Londres, Arrow Books, 1988.

CUSHMAN, T. y MEŠTROVIC, S. G. (eds.), *This Time We Knew: Western Responses to Genocide in Bosnia*, Nueva York, Nueva York University Press, 1996.

DAVIS, G. S. (ed.) *Religion and Justice in the War over Bosnia*, Londres, Routledge, 1996.

DAVISON, W. P., *The Berlin Blockade*, Princeton, Princeton University Press, 1958.

DAWISHA, K., *The Kremlin and the Prague Spring*, Berkeley, University of California Press, 1984.

DIVINE, R. A., *Eisenhower and the Cold War*, Oxford, Oxford University Press, 1981.

EASTMAN, L. E.; CHE'EN, J.; PEPPER, S. y VAN SLYKE, L. P., *The Nationalist Era in China, 1927-49*, Cambridge, Cambridge University Press, 1991.

FEIS, H., *Churchill, Rooselvet, Stalin: the War They Fought and the Peace They Sought*, Princeton, Princeton University Press, 1966.

—, *From Trust to Terror: the Onset of the Cold War, 1945-50*, Londres, Anthony Blond, 1970.

GAVSHON, A., *Crisis in Africa: Battleground of East and West*, Middlesex, Penguin, 1981.

GETTY, J. A. y. NAUMOV O. V, *The Road to Terror: Stalin and the Self-Destruction of the Bolsheviks, 1932-39*, New Haven, Yale University Press, 1999.

GIGLIO, J. N., *The Presidency of John F. Kennedy*, Lawrence, University Press of Kansas, 1991.

GONZALEZ, M., *Nicaragua: What Went Wrong*, Londres, Bookmarks, 1985.

GREENSTEIN, F. L. (ed.), *The Reagan Presidency: An Early Assessment*, Baltimore, John Hopkins University Press, 1983.

GRIFFIN, M., *Reaping the Whirlwind: the Taliban Movement in Afghanistan*, Londres, Pluto Press, 2001.

HADBY, G., *CENTO: the Forgotten Alliance*, Brighton, ISIO Monographs, 1971.

HARRIS, R. y VILAS, C. M. (eds.), *Nicaragua: a Revolution Under Siege*, Londres, Zed Books, 1985.

HASTINGS, M., *The Korean War*, Londres, Pan, 1987.

HEFFER, J. y LAUNAY, M. *La Guerra Fría*, Torrejón de Ardoz, Akal, 1992.

HERNÁNDEZ HOLGADO, F., *Historia de la OTAN: de la Guerra Fría al intervencionismo humanitario*, Madrid, Catarata, 2000.

HESS, G. R., *Vietnam and the United States*, Boston, Twayne Publishers, 1990.

HINTON, H. C., *China's Turbulent Quest*, Londres, Macmillan, 1970.

HOLDEN, G., *The Warsaw Pact: Soviet Security and Bloc Politics*, Oxford, Basil Blackwell, 1989.

HOPPLE, G. W. y WATSON, B. W. (eds.), *The Military Inteligence Community*, Boulder, Westview Books, 1986.

HOSKING, G., *A History of the Soviet Union, 1917-1991*, Londres, Fontana, 1992.

HUBAND, M., *África después de la Guerra Fría: la promesa rota de un continente*, Barcelona, Paidós, 2004.

HUNTER, A. y SEXTON, J., *Contemporary China*, Basingstoke, Macmillan, 1999.

JACKSON, G., *Orígenes de la Guerra Fría*, Madrid, Historia 16, 1993.

JENKINS, R., *Truman*, Londres, Collins, 1986.

JIAN, C., *La China de Mao y la Guerra Fría*, Barcelona, Paidós, 2005.

JONES, R. W.; MERLINI, C.; PILAT, J. F. y POTTER, W. C. (eds.), *The Nuclear Suppliers and Nonproliferation*, Lexington, Lexington Books, 1985.

KHRUSCHEV, S. N., *Nikita Khruschev and the Creation of a Superpower*, Pensilvania, Pensilvania State University, 2000.

KOLKO, G., *Anatomy of a War: Vietnam, the United States and the Modern Historical Perspective*, Nueva York, The New Press, 1994.

LA FEBER, W., *America, Russia and the Cold War, 1945-96* [8ª ed.], Nueva York, McGraw-Hill, 1996.

LEFFLER, M. P. y PAINTER, D. S. (eds.), *The Origins of the Cold War: an International History*, Londres, Routledge, 1994.

LOZANO BARTOLOZZI, P., *Nuevos imperios y rebelión mundial: Guerra Fría y descolonización*, Barcelona, Mitre, 1990.

MACDONALD, C. A., *Korea: the War Before Vietnam*, Basingstoke, Macmillan, 1986.

MACLEAR, M., *Vietnam: the Ten Thousand Day War*, Londres, Thames Mandarin, 1989.

MALCOLM, N., *Bosnia: a Short History*, Londres, Papermac, 1994.

MARSDEN, P., *The Taliban: War, Religion and the New Orden in Afghanistan*, Londres, Zed Books, 1998.

MARTÍN DE LA GUARDIA, R. M., *El mundo después de la Segunda Guerra Mundial*, Madrid, Akal, 1999.

MICKIEWICZ, E. P. y KOLKOWICZ, R. (eds.), *International Security and Arms Control*, Nueva York, Praeger, 1986.

MODELSKI, G. (ed.), *SEATO: Six Studies*, Vancouver, University of British Columbia Press, 1962.

MOLNÀR, M., *Budapest 1956: a History of the Hungarian Revolution*, Londres, George Allen & Unwin, 1971.

MORENO, J., *China contemporánea, 1916-1990*, Madrid, Istmo, 1995.

NEHER, C. D., *Southeast Asia and the New International Era*, Boulder, Westview Press, 1999.

NEWHOUSE, J., *The Nuclear Age: From Hiroshima to Star Wars*, Londres, Michael Joseph, 1989.

PARENTI, M., *To Kill a Nation: the Attack on Yugoslavia*, Londres, Verso, 2000.

PARK, W., *Defending the West: a History of NATO*, Brighton, Wheatsheaf Books, 1986.

PEARSON, F. S., *The Global Spread of Arms: Political Economy of International Security*, Boulder, Westview Press, 1994.

PEÑAS, F. J., *Occidentalización, fin de la Guerra Fría y relaciones internacionales*, Madrid, Alianza, 1997.

PEREIRA CASTAÑARES, J. C., *Historia y presente de la Guerra Fría*, Madrid, Istmo, 1989.

POWASKI, R. E., *La Guerra Fría: Estados Unidos y la Unión Soviética, 1917-1991*, Barcelona, Crítica, 2000.

PRYCE-JONES, D., *The Hungarian Revolution*, Londres, Ernest Benn Ltd, 1969.

QUESTED, R. K. I., *Sino-Soviet Relations*, Sídney, George Allen & Unwin, 1984.

ROBINSON, J., *The Cultural Revolution in China*, Middlesex, Penguin, 1969.

RODRÍGUEZ GONZÁLEZ, A. R., *Las relaciones internacionales tras la Segunda Guerra Mundial*, Torrejón de Ardoz, Akal, 1989.

ROXBURGH, A., *The Second Russian Revolution: the Power Struggle in the Kremlin*, Londres, BBC Books, 1991.

SÁNCHEZ BLANCO, F., *Evolución política del mundo contemporáneo después de la Segunda Guerra Mundial*, Torrejón de Ardoz, Akal, 1991.

SAUNDERS, F. S., *La CIA y la Guerra Fría cultural*, Madrid, Debate, 2001.

SCHALLER, M., *Reckoning with Reagan: America and its President in the 1980s*, Oxford, Oxford University Press, 1992.

SCHULZINGER, R. D., *A Time for War: the United States and Vietnam, 1941-75*, Oxford, Oxford University Press, 1997.

SHLAIM, A., *The US and the Berlin Blockade, 1948-49: a Study in Decision Making*, Berkeley, University of California Press, 1983.

SHORT, A., *The Origins of the Vietnam War*, Londres, Longman, 1989.

SIPRI, *Arms Uncontrolled*, Cambridge (Massachusetts), Harvard University Press, 1975.

SODUPE, K., *La estructura de poder del sistema internacional: del final de la Segunda Guerra Mundial a la posguerra fría*, Madrid, Fundamentos, 2002.

UNITED STATES ARMS CONTROL AND DISARMAMENT AGENCY, *World Military Expenditures and Arms Transfers, 1968-77*, Washington, US Arms Control & Disarmament Agency, 1979.

VALENTINA, J., *Soviet Intervention in Czechoslovakia, 1968: Anatomy of a Decision*, Baltimore, Johns Hopkins University Press, 1979.

VEIGA, F. et al., *La paz simulada: una historia de la Guerra Fría, 1941-1991*, Madrid, Alianza Editorial, 1997.

WHITE, M. J., *The Cuban Missile Crisis*, Basingstoke, Macmillan, 1996.

WILLETTS, P., *The Non-Aligned in Havana*, Londres, Francis Pinter, 1981.

ZAGORIA, D. S., *The Sino-Soviet Conflict, 1956-61*, Princeton, Princeton University Press, 1962.

ZHAI, Q., *The Dragon, the Lion and the Eagle: Chinese/British/American Relations, 1949-58*, Kent (Ohio), Kent State University Press, 1994.

Índice onomástico

El índice de este atlas sigue el número de los mapas. Los números en redonda se refieren a páginas de texto, los números en cursiva a páginas de mapas.

ÍNDICE ONOMÁSTICO

ÍNDICE ONOMÁSTICO

SP
909.8250223 S977

Swift, John, 1957-
Atlas historico de la Guerra
Fria
Vinson ADU CIRC
05/13   Friends of the
        Houston Public Library